Wissenschaftliche Beiträge aus dem Tectum Verlag

Reihe Germanistik

Wissenschaftliche Beiträge
aus dem Tectum Verlag

Reihe Germanistik
Band 13

Gerhart Pickerodt

Mittelbarkeit
Essays zum späten Goethe

Tectum Verlag

Gerhart Pickerodt
Mittelbarkeit. Essays zum späten Goethe
Wissenschaftliche Beiträge aus dem Tectum Verlag
Reihe: Germanistik; Bd. 13

ISBN 978-3-8288-4482-7
ePDF 978-3-8288-7515-9

Umschlagabbildung: Wikimedia Commons, Portrait von Johann Wolfgang von Goethe, Zeichnung von Julius Ludwig Sebbers, 1826

Druck und Bindung: Docupoint, Barleben
Printed in Germany

Informationen zum Verlagsprogramm finden Sie unter
www.tectum-verlag.de

Bibliografische Informationen der Deutschen Nationalbibliothek
Die Deutsche Nationalbibliothek verzeichnet diese Publikation in der Deutschen Nationalbibliografie; detaillierte bibliografische Angaben sind im Internet über http://dnb.ddb.de abrufbar.

Inhaltsverzeichnis

Mittelbarkeit

Zur Poetologie des späten Goethe

> *„Es ist nichts trauriger anzusehn als das unvermittelte Streben ins Unbedingte in dieser durchaus bedingten Welt; es erscheint im Jahre 1830 vielleicht ungehöriger als je.“*[1]

Dies ist ein fulminanter Satz, der mehrere Dimensionen umfasst: eine emotionale („trauriger“), eine zeitdiagnostische („1830“), eine ethische („ungehöriger“) eine erkenntnistheoretische („Unbedingte“, „bedingt“). Zur Zeitdiagnose gehört zunächst der Beginn der technisch-industriellen Revolution mit ihren sozialen Folgen, dem Machtverlust des Adels und dem Beginn bürgerlicher Herrschaft. Goethe reflektiert auf diese historische Zäsur in seinem späten Roman *Wilhelm Meisters Wanderjahre*[2], in dem er am Beispiel des Webens den Beginn der maschinell betriebenen Produktion darstellt und die sozialen Folgen der neuen Produktionsweise erörtert. Das Auswanderungsprojekt wird als unzulänglicher Lösungsansatz für die soziale Problematik markiert. Nicht direkt angesprochen, aber gewiss mit gemeint ist die ästhetische Dimension.

Metaphysisches, aber auch physisches „Streben ins Unbedingte“ wird verworfen, das heißt, dass der „durchaus bedingten Welt“ auch ästhetisch Rechnung zu tragen ist. Jeglicher

---

1 Wenn nicht anders vermerkt, werden Goethes Werke zitiert nach der Münchner Ausgabe, Sämtliche Werke nach Epochen seines Schaffens, München 1986, hier: Mü 17, 883

2 Vgl. Kapitel 6

Form von Direktheit der Aussage, von Unmittelbarkeit der Beziehung von Bild und Bedeutung wird eine Absage erteilt, weil die universale Bedingtheit der Welt, zumal der 1830 gegenwärtigen, derartige Haltungen nicht zulässt.

Betroffen ist nicht zuletzt Goethes eigene klassische Kunstdoktrin der Symbolik: In der Phase der neunziger Jahre und der ersten Jahre des neuen Jahrhunderts galt für Goethe die Symbolik als unmittelbares Einssein von Bild und Bedeutung. In der Symbolik behält das Konkret- Besondere und seine sinnlich fassbare Außenseite ebenso sein Recht wie auf der anderen Seite das Gesetzlich-Allgemeine, das als in diesem Besonderen enthalten gedacht wird. Diese Gleichung von Sinnlich-Bildhaftem und Ideell-Bedeutetem gerät in den späteren Jahren und Jahrzehnten für Goethe mehr und mehr in Zweifel. Es ist vorab der Weltzustand, der Goethe das Vertrauen auf die Einheit von Besonderem und Allgemeinem als ästhetisches Grundprinzip verlieren lässt. Wenn alles in der Welt „bedingt" ist, kann in jenem bedingten Einzelnem nicht mehr die Idee des Allgemeinen enthalten gedacht werden. So wie gegenständlich die Vielfalt von Bedingungsverhältnissen zu thematisieren und darzustellen ist, so muss auch poetologisch die Konsequenz gezogen werden. Relationen, die Beziehungsverhältnisse von seinerseits Bedingtem, geraten in den Blick, die Form des poetischen Ausdrucks vervielfältigt sich. An die Stelle klassischer Geschlossenheit und formaler Einheit tritt die Vielfalt von Gebilden, die jeweils auf andere, diese bedingend und durch sie bedingt, bezogen werden. Die Faust-Figur[3] etwa kann nur noch beanspruchen, ein Gattungsrepräsentant der Menschheit zu sein, sie ist es nicht mehr. Nicht nur, dass seine Existenz gebunden ist an die seines alter ego Mephisto, seine Fahrt durch die Jahrhunderte im zweiten Teil der Tragödie

3 Vgl. Kapitel 7

zeigt ihn auch im Rahmen von Verhältnissen, selbstgeschaffenen und fremden, die ihn in jeweils verschiedener Weise bedingen und modifizieren. Am Ende seines Lebens erliegt Faust dem Irrtum, er herrsche über Menschen und Projekte, während doch bereits sein Grab ausgehoben wird. Sein Herrschaftsanspruch erweist sich nicht nur als Illusion, sondern er bricht sich an sich selbst. Bedingungen und Bedingtheiten wirken nicht nur von außen auf ihn ein, sondern er erweist sich auch in sich selbst als bedingt, insofern seine Visionen sich seiner Blindheit verdanken.

Formal zieht Goethe die Konsequenz, dass er die einzelnen Gebilde in Beziehungsverhältnisse rückt, die einander wechselseitig beleuchten.

Im September 1827 schreibt Goethe an Carl Jakob Ludwig Iken:

> *„Da sich gar manches unserer Erfahrungen nicht rund aussprechen und direkt mitteilen läßt, so habe ich seit langem das Mittel gewählt, durch einander gegenübergestellte und sich gleichsam ineinander abspiegelnde Gebilde den geheimeren Sinn dem Aufmerkenden zu offenbaren.“*[4]

Der Satz enthält den Kern der Goetheschen Alterspoetik: Gegen die unmittelbare Aussage und ihre defizitären Möglichkeiten setzt Goethe hier das Prinzip der Mittelbarkeit und des Indirekten. Der „geheimere Sinn“ leuchtet auf im Zwischenbereich der „Gebilde“, die sich wechselseitig spiegeln. Nicht das einzelne Element fungiert als Sinnträger, sondern der „geheimere Sinn“ entsteht erst im Spiegelungsverhältnis jener Gebilde, nicht in direkter Mitteilung also, sondern als immaterieller Schein jenes Spiegelbildes, welches, da es nicht gegenständlich sich manifestiert, vom Rezipienten erst erschlossen werden muss. Der Rezipient also ist es, der Bedeutungen generiert, in-

4 Goethes Briefe, Hamburger Ausgabe Bd. 4, S. 250

dem er die Spiegelbilder, die zwischen den Gebilden immateriell schweben, auf ihren Bedeutungsgehalt erschließt. Anders gesagt: Es geht Goethe nun nicht mehr um Substanzen, sondern um Relationen, um Beziehungsverhältnisse von Gebilden, welche als Sinnträger fungieren, ohne doch eine eigene greifbare Materie aufzuweisen. Damit berühert Goethe auf seine Weise den Inbegriff aller Kunst, den nämlich des ästhetischen Scheins. „Am farbigen Abglanz haben wir das Leben.", so heißt es im 2. *Faust*, und es wird auf diese Weise deutlich, dass es Goethe um jene Spiegelbilder geht, von denen im Brief an Iken die Rede gewesen war.

Von entscheidender Bedeutung ist die Tatsache, dass Goethe in dieser späten Phase seines Denkens und Wirkens auf jegliche Naturillusion Verzicht leistet. Auch von Naturähnlichkeit oder davon, dass der Künstler eine „zweite Natur" schaffe, ist nicht mehr die Rede.

In der *Propyläen*-Einleitung von 1798 hatte es geheißen: „Die vornehmste Forderung, die an den Künstler gemacht wird, bleibt immer die: dass er sich an die Natur halten, sie studieren, sie nachbilden, etwas, was ihren Erscheinungen ähnlich ist, hervorbringen solle." Zwar modifiziert Goethe im Verlauf dieses Textes diesen behaupteten Vorrang der Natur, indem er fordert, der Künstler solle „sowohl in die Tiefe der Gegenstände, als in die Tiefe seines eigenen Gemüts" dringen,

> *„um in seinen Werken nicht bloß etwas leicht- und oberflächlich wirkendes, sondern, wetteifernd mit der Natur, etwas geistisch-organisches hervorzubringen, und seinem Kunstwerk einen solchen Gehalt, eine solche Form zu geben, wodurch es natürlich zugleich und übernatürlich erscheint."*[5]

Zwar wird hier bereits der Künstler als Konkurrent („wetteifernd") der Natur gedeutet, zwar wird die „Tiefe des eigenen

5 Mü 6.2, 13

Gemüts“ als gleichgewichtig mit der „Tiefe der Gegenstände“ vermerkt, doch lässt sich nicht darüber hinwegsehen, dass das Prinzip des Natürlichen hier noch immer ein bedeutendes Gewicht besitzt. Auch als einer, der mit der Natur wetteifert, bleibt der Künstler auf diese bezogen, wenn er auch sich selbst als ihren Widerpart verstehen soll.

Nun erst, in der Spätphase seiner ästhetischen Theorie und literarischen Praxis, findet das autonome Werk wirklich zu sich selbst, insofern nun der Naturbezug – Goethe wird ja nie zu einem Phantasten – allenfalls in höchst vermittelter Weise bedeutsam bleibt. Autonomie des Kunstwerks bedeutet nun, dass die Forderung nach Naturähnlichkeit oder auch die des Wetteiferns mit der Natur ihr Gewicht eingebüßt haben. Im Zentrum steht nun das Spiel der Bedeutungen (Polarität und Steigerung), generiert durch die Beziehungsverhältnisse zwischen den tragenden Elementen und Formen der einzelnen Werke. Wie bereits angedeutet, lassen sich die Spuren dieses neuen Kunstverständnisses in allen literarischen Gattungen wahrnehmen: im Roman seit den *Wahlverwandtschaften* (Kapitel 2), im Drama, insbesondere im zweiten *Faust* (Kapitel 7), in den autobiographischen Schriften (Kapitel 3) wie auch in der Lyrik (Kapitel 5), und schließlich auch in den Briefen (Kapitel 4), in denen das Prinzip der persönlichen Mitteilung bisweilen bis hin zur Negation des Briefes schlechthin aufgekündigt wird, ohne die Gattung *Brief* jedoch gänzlich zu verwerfen.

Vieles lässt sich beim alten Goethe auf den ökonomischen Umgang mit der verbleibenden Lebenszeit zurückführen. Er schreibt kaum noch selbst, diktiert vielmehr extensiv, er publiziert seine Werke bei Cotta „letzter Hand“, um der Versuchung zu widerstehen, erneut korrigierend einzugreifen, er richtet sein Augenmerk nicht mehr vornehmlich auf Präsentes, sinnlich Greifbares, sondern vertraut dem inneren Sinn von Erinnerung und Einbildung, dem er das Gegenwärtige unterordnet. Aber auch Geschichte, Vergangenes ist ihm nicht um seiner selbst willen von Bedeutung, sondern wegen seiner Bezüge zum Gegenwärtigen: Immer sind es Bezüge, Relationen von Gebilden, Differenzen, die ihn interessieren und die er poetisch gestaltet.

In dem kurzen, autobiographisch motivierten Text *Wiederholte Spiegelungen* aus dem Jahr 1823 thematisiert Goethe wiederum das Spiegelungsverhältnis von Vergangenheit und Gegenwart, hält dabei an dem Begriff des Symbols fest, obwohl er, naturwissenschaftlich orientiert, nicht das *eine* bedeutungsvolle Bild meint, sondern die Fülle der Bilder, die aus den Spiegelungen erwächst.

> *„Bedenkt man nun, daß wiederholte sittliche Spiegelungen das Vergangene nicht allein lebendig erhalten, sondern sogar zu einem höheren Leben empor steigern, so wird man der entoptischen Erscheinungen gedenken, welche gleichfalls von Spiegel zu Spiegel nicht etwa verbleichen, sondern sich erst recht entzünden, und man wird ein Symbol gewinnen, dessen was in der Geschichte der Künste und Wissenschaften, der Kirche, auch wohl der politischen Welt, sich mehrmals wiederholt hat und noch täglich wiederholt".*[6]

Deutlich wird hier, dass der Text über die einander steigernden Spiegelungen zwar autobiographisch motiviert ist, jedoch von weit grundsätzlicherer Bedeutung sich auf die gesamte kulturelle und politische Sphäre bezieht, was wiederum poetologische Konsequenzen herausfordert.

Auf diese Weise entstehen komplexere, vielschichtigere Texte, die einen weitaus höheren Grad von Modernität aufweisen als diejenigen der klassischen Periode. Der Leser ist gehalten, die einzelnen Momente aufeinander zu beziehen, Verbindungen zu suchen, Unterschiede, denn auch im Wahrnehmen von Unterschieden werden Bezüge gewonnen.

6 Mü 14, 569

Die nachfolgenden sechs Kapitel verstehen sich als Essays, als *Versuche*. Sie erheben nicht den Anspruch einer umfassenden, alle wichtigen Details berücksichtigenden *Interpretation*. Es geht vielmehr darum, Züge des Alterswerks in ihrer Differenz zur klassischen Periode der neunziger Jahre hervorzuheben, Formelemente zu charakterisieren, die sich vom Prinzip der Geschlossenheit und der symbolischen Anschauung abheben. Ebenso wird nicht der Anspruch erhoben, den Stand der Forschung detailliert zu diskutieren. Auf Beiträge der Goethe-Forschung wird nur dann bezuggenommen, wenn es darum geht, die eigenen *Versuche* zu präzisieren und zu schärfen. Deswegen kommt es im Bezug auf die Forschung auch nicht darauf an, Neues gegenüber Altem zu favorisieren. So besitzt etwa Walter Benjamins Aufsatz zu den *Wahlverwandtschaften*, nun bald hundert Jahre alt, noch immer ein entscheidendes Gewicht. Der Essaycharakter der folgenden Kapitel ist sehr bewusst gewählt, verdankt sich aber auch den Lebensumständen des Verfassers.

Das Prinzip der Vermittlung und die Figur des Mittler in den *Wahlverwandtschaften*

Der Roman *Die Wahlverwandtschaften*, publiziert 1809, markiert die Wende zu Goethes Spätwerk. Er darf als Liebesroman, zugleich aber auch als Gesellschaftsroman betrachtet werden, insofern er die sozialen Gründe für das Liebesverhältnis, zugleich aber auch für dessen Nicht-Einlösbarkeit entwickelt. Nicht zuletzt ist es aber ein Roman des Verhungerns. Es verhungern die Liebenden, und mit ihnen auch die Liebe. Erst als Gestorbene finden die Liebenden zusammen.

Die Erzählform hält sich fern von jeglicher Direktheit einer die Gegenstände, Personen und Ereignisse unvermittelt ansprechenden Rede und damit von jeder Wirklichkeitsillusion.

Bereits der erste Satz des Romans („Eduard – so nennen wir einen reichen Baron …“)[1] lässt den Erzähler als vermittelnde, setzende Instanz hervortreten, in deren Macht es steht, Figuren mit Namen zu belegen, sie als Konstrukte ihrer über die Gegenstände verfügenden fiktionalen Herrschaft erscheinen zu lassen.

Überhaupt fungiert der Erzähler als Konstrukteur des Romanganzen, indem er Briefe und Tagebuchaufzeichnungen an die ihm passend erscheinende Stelle setzt oder einen zweiten Erzähltext einschiebt, dem er die Gattungsbezeichnung „No-

1 Der Text der *Wahlverwandtschaften* wird zitiert nach: Johann Wolfgang Goethes Sämtliche Werke 9, Epoche der Wahlverwandtschaften, 1807–1814, Münchener Ausgabe, hrsg. von Christoph Siegrist und anderen, München, Wien 1987.

velle" beigibt und ihn insofern als bereits literarisierte Form kennzeichnet, als Artefakt innerhalb des romanästhetischen Kontextes. Nicht nur über Eduard also, sondern über sämtlichen Erzählgegenständen des Romans liegt, deklariert oder undeklariert, die auf den Erzähler als vermittelnde Instanz verweisende Wendung „so nennen wir."[2]

Das Prinzip der Mittelbarkeit wird im Roman also durch den Erzähler repräsentiert, der sich als solcher und zu seinen verschiedenen anderen Rollen bekennt. Doch lässt sich darüber hinaus behaupten, dass es wohl keinen anderen Roman der Epoche gibt, der sich in ähnlicher Weise durchgängig als poetisches Konstrukt zu erkennen geben würde wie die *Wahlverwandtschaften*.

So werden zu Beginn des zweiten Teils Vergleiche angestellt zwischen der epischen Literatur („Epopöe") und dem „gemeinen Leben" (Mü 9, 402), dergestalt, dass bisherige Hauptfiguren in ihrer Abwesenheit durch andere ersetzt werden, denen nun die Aufmerksamkeit des Rezipienten zufällt. Indem fingiert wird, die dargestellten Erzählgegenstände repräsentierten das „gemeine Leben", dieses gleiche jedoch zumindest hierin der Literatur, ergibt sich eine ironische Selbstreflexion des Kunstcharakters, weiß doch der Rezipient, dass er es im Roman keineswegs mit dem „gemeinen Leben" zu tun hat, sondern mit dessen Fiktion, die durch das Arrangement des Dichters / Erzählers erzeugt worden ist.

2 Gabriele Brandstetter schreibt dem Erzähler drei Rollen zu: als „Regisseur", als „wissenschaftlicher Experimentator" und als „Mythologe". In: G.B., Poetik der Kontingenz. Zu Goethes Wahlverwandtschaften. Schiller-Jahrbuch XXXIX, 1995, S. 130–145, hier S. 136. Hier interessiert insbesondere die Rolle des Regisseurs, der zugleich ein Konstrukteur ist, indem er nicht ein Kontinuum des Erzählens im Auge hat, sondern das Tableau diverser Textelemente.

Was die Figuren des Romans betrifft, so lässt sich eine Skala zunehmender Bewusstheit von ihrer Künstlichkeit in der Fremd- und insbesondere in der Selbstwahrnehmung beobachten. An deren einem Ende steht Charlotte, eine realitätstaugliche Figur mit dem Sinn für eindeutige Verhältnisse und für das jeweils Machbare, eine Figur, deren Realitätssinn auch ihre Affekte beherrschbar erscheinen lässt. Sie besitzt darüber hinaus einen Sinn für das Schickliche, weswegen sie auch nicht zur Selbstreflexion neigt, ist sie doch stets der Grundsätze ihres Verhaltens gewiss. Als Eduard, ihr Ehemann, gestorben ist, regelt sie die Verhältnisse und den Bestattungsort des Toten, aber sie trauert nicht. Ihre Selbstbeherrschung lässt keinen Raum für unkontrollierte Emotionen. Ihr erotischer Partner, der Hauptmann, steht ihr auch in dieser Hinsicht am nächsten. Er plant und entwirft, ein homo faber, auch sich selbst. Von gleichnishafter Bedeutung sind sein militärischer Rang sowie sein Aufstieg vom Hauptmann zum Major. Er bleibt namen- und gestaltlos, ist ganz Funktion, nicht Person, beinahe ein Nicht-Charakter ohne individuelle Züge, eine Charge. Wie Charlotte muss auch der Hauptmann nicht sich seiner selbst vergewissern, ist er sich doch seiner Rolle und Funktion entschieden bewusst und widersteht beinahe mühelos den Anfechtungen situationell erzeugter Affekte.

Eduard hingegen mangelt es an einer derartigen Selbstbeherrschung. Er überlässt sich fast willenlos seiner Neigung zu Ottilie, wenngleich diese eher zeichenhaft zum Ausdruck kommt als unmittelbar sinnlich. Dies ist zum einen auf die sublime Art seiner Zuneigung zurückzuführen, zum anderen aber auf Ottilie, die Walter Benjamin „bis zur Entrücktheit unnahbar“[3] nennt, Wenn anfangs im Roman von Eduards „ro-

3 Walter Benjamin, Goethes Wahlverwandtschaften, in: Schriften Bd. 1, hrsg. von Theodor W. Adorno und Gretel Adorno unter Mitwirkung von Friedrich Podszus, Frankfurt am Main 1955, S. 109

manhafte[r] Treue" (Mü 9, 293) zu Charlotte die Rede ist, so verweist die Metapher auf Außergewöhnliches, Besonderes, andererseits jedoch auch darauf, dass die „Treue" ihre Maßstäbe aus dem Poetischen bezieht, aus dem Reiz des Artifiziellen, nicht aus dem „gemeinen Leben", dem Eduard niemals unterworfen sich zeigt.

Da der Roman die gewünschte Untreue beider Ehepartner vergegenständlicht, zumindest auf seiner pragmatischen Ebene, lässt sich der Begriff „romanhafte Treue" als durchaus ambivalent verstehen. Für Eduard zumindest ist die Treue zu Charlotte nicht Maßstab seines Verhaltens und Handelns. „Sich etwas zu versagen, war Eduard nicht gewohnt." (Mü 9, 293) Jener Grad von Selbstbeherrschung, dem Charlotte und der Hauptmann folgen, ist Eduard fremd, so dass man ihm durchaus „das unvermittelte Streben ins Unbedingte" zuschreiben kann, wenngleich sich von der „Unbedingtheit eines heimlich Verzweifelten"[4] sprechen lässt. Andererseits ist er aber auch nicht der Leidenschaft sinnlicher Triebe im Sinne der Horrorbilder Friedrich Schillers[5] unterworfen. Seine Triebstruktur dürfte eher sublim, sakral- ästhetisch bestimmt sein, nicht körperlich-sensuell. Letzteres gilt insbesondere auch für Ottilie, die am Ende des Romans als „Heilige" (Mü 9, 529) bezeichnet wird, während Eduard immerhin nach seinem Tode „selig" (Mü 9,

---

4 Hans Rudolf Vaget, Ein reicher Baron. Zum sozialgeschichtlichen Gehalt der „Wahlverwandtschaften". In: Jahrbuch der deutschen Schiller-Gesellschaft, Band XXIV, 1980, S. 123–161, hier S. 143

5 Friedrich Schiller, Über Anmut und Würde: „Nur die Tierheit redet aus dem schwimmenden,ersterbenden Auge, aus dem lüstern geöffneten Munde, aus der erstickten, bebenden Stimme, aus dem kurzen, geschwinden Atem, aus dem Zittern der Glieder, aus dem ganzen erschlaffenden Bau" (Sämtliche Werke, Bd.5, S. 462).

529) genannt wird.[6] „Selig“ indessen ist Eduard nicht als Überwinder seiner physischen Natur, sondern als einer, der im Tode zur Ruhe gelangt ist. Die Stufenfolge „selig“ – „heilig“ spielt in deutlicher Weise an auf den katholischen Prozess der Heiligsprechung, in dem Ottilie bereits die Vollendung erfahren hat, während Eduard ihrer noch harrt und sie auch nicht erreichen wird, weil keine Instanz im Roman dies zu vollziehen imstande ist.

Zuvor schon schwebt Ottilie ihrerseits durchgängig an der Grenze zwischen Sein und Nichtsein. Partiell zumindest unterliegt sie der Metamorphose des Eigenen in eine andere Existenz, wenn sich etwa ihre Schrift im Zuge der Abschrift eines Dokuments in die Eduards verwandelt oder ihre Klavierbegleitung sich dem unregelmäßigen Rhythmus von Eduards Flötenspiel anpasst. Ottilies Identität erweist sich demnach als hochgradig brüchig, weswegen sie zunehmend auch zur Selbstreflexion angehalten erscheint. Insgesamt lässt sich hinsichtlich des Figurenensembles zwischen Charlotte und Ottilie eine aufsteigende Linie des Bewusstseins der eigenen Poetizität, der Künstlichkeit und des eigenen Wesens als Romanfigur feststellen. Bei Ottilie ist dieses Bewusstsein derart ausgeprägt, dass man unterstellen könnte, sie habe eine Abhandlung über die Romankunst ihres Urhebers gelesen.

Einen kontrastiven Vorschein auf das Romanende bildet das Tableau vivant am Weihnachtsabend, in dem Ottilie die Rolle der Mutter Gottes übernommen hat. Die Rede ist von der „Wirklichkeit als Bild“ (Mü 9, 444), d.h. die historisch-mythische Realität der Christgeburt wird in eine zweiphasige Bildfolge mit lebendigen Darstellern verwandelt. Auf diese Weise gewinnt die dargestellte Szene eine Art neuer Wirklichkeit, wel-

6 Die Stufung „selig“ – „heilig“ verweist auf die sakralen Konnotationen des Figurenpaars, das nicht erst im Tode der Lebenswelt entrückt zu sein scheint.

che an die Grenze des Kunst-Scheins heranreicht und sie in Richtung auf eine „fromme Kunstmummerei" überschreitet. Die Kunstrealität verliert in diesem Moment das Bewusstsein des Künstlichen, des Artifiziellen, tendiert also zur ‚Wirklichkeit', indem sie sich in diese zu verwandeln scheint. Wie im Theater sind die Figuren immer beides: lebendige Schauspieler und gespielte Rollen, Betrachtende und Betrachtete.

Da der Fokus der Bilddarstellung in der Gestalt Ottilies konzentriert erscheint, wird auch der Gegensatz von „Gefühl" und „Betrachtung" in ihr exemplarisch:

> *„Mit einer Schnelligkeit die keines gleichen hat, wirken Gefühl und Betrachtung in ihr gegeneinander. Ihr Herz war befangen, ihre Augen füllten sich mit Tränen, indem sie sich zwang, immerfort als ein starres Bild zu erscheinen; und wie froh war sie, als der Knabe sich zu regen anfing, und der Künstler sich genötigt sah das Zeichen zu geben, dass der Vorhang wieder fallen sollte." (Mü 9, 446)*

Das inszenierte Tableau vivant steht für das Ganze des Romans: Er erscheint inszeniert, und Ottilie ist sich in extremer Weise ihrer Rolle bewusst, die sie in ihm spielt, während sie doch zugleich ein lebendig-emotionales Wesen verkörpert, welches den Gegensatz zu seiner Rollenfixierung schmerzhaft durchhalten muss.

Je näher der Roman an sein Ende gelangt, desto mehr verwandelt sich Ottilie zu einem Bild ihrer selbst[7], bis sie und ihr Geliebter am Ende, in Särgen mit gläsernen Deckeln nebeneinander liegend gespiegelt erscheinen durch „heitere verwandte Engelsbilder", die „vom Gewölbe auf sie" (Mü 9, 529) herabschauen.

---

7 Ihr Schein-Charakter, von dem Benjamin vielfach spricht, – „Es ist die Unberührbarkeit des Scheines, die sie dem Geliebten entrückt." Walter Benjamin (wie Anm. 3), S. 111

Die Liebenden sind am Ende eingegangen in ein mehrdimensionales Bildensemble, in dem sie aufgehoben sind, um „dereinst wieder zusammen [zu] erwachen." (ebd.) Dieses „Erwachen" erscheint umso glaubhafter, als es nicht die Auferstehung im christlichen Sinn als die des Fleisches in einer neuen Welt bedeutet, sondern lediglich die Rück-Verwandlung der Kunstsphäre in eine Form des tableau vivant.

Vorbereitet wird das tableau mort des Romanendes durch eine Szene, in der Ottilie erstmals die vom Architekten neugestaltete Kapelle betritt, ihren späteren Todesort. Sie erfährt diesen Ort bereits als vollkommen artifiziellen, in den sie nur noch nicht gänzlich hinübergewechselt ist.

> *„Ottilie freute sich der bekannten ihr als ein unbekanntes Ganze entgegentretenden Teile. Sie stand, ging hin und wieder, sah und besah; endlich setzte sie sich auf einen der Stühle, und es schien ihr, indem sie auf und umherblickte, als wenn sie wäre und nicht wäre, als wenn sie sich empfände und nicht empfände, als wenn dies alles vor ihr, sie vor sich selbst verschwinden sollte, und nur als die Sonne das bisher sehr lebhaft beschienene Fenster verließ, erwachte Ottilie vor sich selbst und eilte nach dem Schlosse." (Mü 9, 415)*

Ottilie nimmt sich in dieser Passage in eigentümlicher Weise gebrochen wahr: als Teil des artifiziellen Konstrukts und als dessen Betrachterin, woraus der Zwiespalt zwischen Sein und Nichtsein für sie erwächst, zwischen Selbstwahrnehmung und deren Negation. Dieser Zwiespalt der Perspektiven und somit auch ihrer Existenz drückt sich aus in einem traumartigen Zustand, aus dem sie erwacht, wenn die ästhetisierende Lichtquelle der Sonne vor den farbigen Fenstern verschwunden ist. Diese Lichtquelle, erinnernd an die Farbenlehre des Autors und gebrochen durch die farbigen Fenster („Am farbigen Abglanz haben wir das Leben"[8]), symbolisiert die Hand des

8 Faust II, Vers 4772

Künstlers, welche die Szene in die Farben der Kunst taucht, in welcher sich Ottilie zu verlieren droht, während sie danach als zumindest scheinhaft lebende Romanfigur noch einmal zu sich zurückfindet. Ottilie, die künstlichste aller Figuren des Romans, durchläuft ein Leben, welches sie erst am Ende gänzlich in ein Bild verwandelt. Diese Verwandlung bedeutet im doppelten Sinn ihre Mortifizierung: Verlust des Lebens und Eingang in ein Bild von ihr. Sie muss sterben, um in das Tableau mort der Kapelle einzugehen, sie muss bereits im späteren Leben ihre Lebensfunktionen, Nahrungsaufnahme und Rede, verlieren, um die Metamorphose vom Leben ins Bild physisch vollziehen zu können. Am Ende ihres Aufenthalts in der Kapelle spricht Ottilie von deren künftigem Gebrauchswert als einer „gemeinsamen Grabstätte“ (Mü 9, 416), den sie hier noch einer „Künstler-Grille“ (Mü 9, 415) entgegensetzt, während am Ende des Romans Gebrauchswert und Artefakt versöhnt erscheinen, da die Toten im ästhetischen Ambiente und als Bilder ihre Ruhestätte gefunden haben werden. Über der Verwandlung des Lebendigen in die Bildsphäre der Kapelle liegt allerdings eine Aura von Trauer[9], die dem Prinzip ästhetischer Mittelbarkeit – im Unterschied zum lebendigen Leben – insgesamt innewohnt.

Auffällig ist, dass Ottilie noch schreibt, als sie zu reden aufgehört hat. Die Zeichenform des Schreibens ist dem Element des Artifiziellen weitaus näher als die gleichsam ‚natürliche‘ Lautform der Rede. Darüber hinaus redet sie in Körpergebärden sowie musikalisch, wenn sie Eduard, mit dem sie eine magische Form der Anziehung verbindet, aufs Neue am Klavier begleitet. Mythologisch betrachtet repräsentiert Ottilie, angesiedelt auf der Schwelle zwischen Sein und Nichtsein, zwischen lebendiger Gestalt und einem Bild von ihr, zwischen Leben und Kunst, die Rolle eines Seelenführers, eines weiblichen

9 Zu Recht notiert Benjamin: „Untragischer kann nichts ersonnen werden als dieses trauervolle Ende.“ (wie Anm. 3), 113.

Psychopompos. Eigentlich nicht von dieser Welt, führt sie Eduard ins Totenreich hinüber, welches in seiner irdischen Erscheinungsform dem Schein der Kunst entspricht: bildhafter Teil eines artifiziellen Ganzen, das der Architekt als Kapelle entworfen hat, nachdem alle anderen Bauprojekte des Romans, Parkanlage, Lusthaus und See, sich als funktionsuntüchtig erwiesen haben und die Gesellschaft an ihnen gescheitert ist. Mit der Kapelle indessen, dem Totenort und dem Haus der Kunst, setzt sich der Roman einen Schlusspunkt und überführt das Geschehen in die Ruhe des künstlichen Bildes, welches allerdings seinerseits als vergänglich apostrophiert wird, insofern vom späteren Wiedererwachen der Toten die Rede ist. Dass Goethe der Kunstsphäre, dem Leben gegenüber, nicht Ewigkeit beimisst, unterscheidet seine Auffassung von der Kunst-Religion der Romantiker. Für ihn, Goethe, erfüllt die Kunst, dem Leben gegenüber, eine Art Platzhalterfunktion. Jedoch wird auch dem Wiedererwachen der Toten nicht die Sicherheit einer religiösen Glaubensdoktrin beigemessen.

Den gesamten Roman von Beginn bis zum Ende durchzieht als ein durchlaufendes Element eine Figur, die auf den ersten Blick das Prinzip der Vermittlung zu repräsentieren scheint. Ihr Name ist Mittler. Von diesem ließe sich vermuten, dass er aufgrund des durch seinen Namen angezeigten Funktion des Mittlertums auf das Artifizielle der Dichtung verwiese. Dagegen spricht jedoch sein extrem ausgeprägter Pragmatismus. Er ist stets zur Stelle, wenn es in prekäre menschliche Beziehungsverhältnisse rettend einzugreifen gilt. Als gewesener Geistlicher erscheint er Eduard als „drollige[r] Mann (Mü 9, 297), als Reiter ist ihm die zur Zeit des Romans maximale Geschwindigkeit eigen.

Als „Figur“ (Mü 9, 348) wird Mittler vom Erzähler, also aus der Innensicht des Romans, bezeichnet. Ihm haftet demnach etwas Künstliches an, als entstammte er innerhalb der Lebenswelt des Romans selber einem Roman. Mittler spielt „eine

Rolle", gewöhnlich die des „Vermittlers" (Mü 9, 395), verlässt diese jedoch in einem wichtigen Moment, um „den Vertrauten zu spielen". (ebd.) Diese Rolle gelingt ihm indessen noch weniger als die ihm habituelle des Vermittlers, die ihm, so scheint es, zunächst, den Namen gab. Jedoch: „Diejenigen die auf Namensbedeutungen abergläubisch sind, behaupten, der Name Mittler habe ihn genötigt, diese seltsamste aller Bestimmungen zu ergreifen." (Mü 9, 299) Danach wäre der Name nicht eine Funktion der Rolle, sondern umgekehrt die Rolle eine Funktion des Namens. Der Erzähler gab der Figur den Namen wie auch die Funktion, er verantwortet demnach beide Seiten, ohne deswegen als „abergläubisch" gelten zu müssen.

Wenn lebensgeschichtlich der Name für seine Rolle verantwortlich gemacht wird, so ist es poetisch die Funktion der Figur, die sie mit dem Namen ausgestattet hat.

Mittler tritt immer dann auf, wenn er glaubt, in prekären Situationen zwischen Personen vermitteln zu sollen, insbesondere zwischen Ehegatten, schätzt er doch die Ehe als hohes Gut und sittliches Fundament der Gesellschaft: „Die Ehe ist der Anfang und der Gipfel aller Kultur" (Mü 9, 349), lässt er sentenzhaft und mit Pathos verlauten. Allerdings sabotiert Mittler seine Absichten durch eigenes unzuträgliches Verhalten. Er flieht, wenn er Menschen zu begegnen droht, die seinen sittlichen Normen nicht standzuhalten vermögen wie der Graf und die Baronesse (I, 9) Er schwadroniert in langanhaltenden Tiraden, das Glück der Ehe gegen mögliches Unglück aufrechnend, redet Unpassendes und dies auch noch im falschen Moment, neigt durch sein „rasches Wesen" zur „Übereilung" (Mü 9, 400). Er, der die Rolle des pädagogisch eingefärbten Aufklärers zu spielen unternimmt, der selbst dort mit Grundsätzen nützlich zu sein sich bemüht, wo Grundsätze das Verhalten der Menschen nicht zu steuern vermögen, wo Rationalität an Leidenschaft sich bricht, hält starrsinnig an seinen Absichten fest und scheitert an den Umständen wie an eigenem Unvermögen.

Goethe hat Mittler, eine reine Funktionsfigur ohne Vornamen und ohne bestimmte Gestalt und darin dem Hauptmann gleichend – zumindest wird er von den anderen Figuren des Romans nicht näher beschrieben, außer dass das Einzelne seiner Erscheinung sehr gut zum Ganzen passe[10]. – in einem Roman verankert, der sich in seinen Grundkonstellationen vom ethischen Pragmatismus der Aufklärung sehr weit entfernt hat. Mittler erscheint als Relikt aus einer anderen Welt, die es noch möglich erscheinen ließ, dass Menschen, nach vernünftigen Prinzipien handelnd, ihrer Leidenschaften Herr zu werden vermöchten, während der Roman selbst diese Möglichkeit zwar nicht grundsätzlich dementiert, sie im Verhältnis Charlottes zum Hauptmann auch akzentuiert, sie gleichwohl jedoch in deutlicher Weise infrage stellt.

Mittlers unzeitgemäßes Mittlertum erscheint in diesem Roman als vollkommen obsolet, insofern er stets nur das Gegenteil von dem bewirkt, was er beabsichtigt. Die Frage, warum er gleichwohl diesen Namen trägt, warum ihm seine Rolle im Wortsinn eingeschrieben ist, verweist auf seine ihm eigene Widersprüchlichkeit: etwas Nützliches und Sozialkonformes zu wollen, das dennoch nicht in seiner Reichweite liegt. Er begehrt durch Reden zu wirken, und dies in Angelegenheiten, die der Rede nicht zugänglich sind und auf diese Weise die soziale Kommunikation und Interaktion eher behindert als befördert. Mittler repräsentiert eine Funktion und nichts als diese, und er besitzt innerhalb der sozialen Welt kein eigenes Leben. Nach Zügen einer charakteristischen Subjektivität sucht man bei ihm vergebens, von eigenen familiären Beziehungen ist nichts bekannt. Daher gleicht er einer Apparatur, einem Werkzeug, das auf die Modulierung sozialer Verhältnisse gerichtet ist, diese jedoch prinzipiell verfehlt.

10 Mü 9, 348

Die Gründe für Mittlers geradezu dogmatischen Pragmatismus dürften in seiner subjektlosen Abstraktheit und seiner mechanischen Funktionalität liegen, weswegen er im Brennpunkt Goethescher Ironie steht. Die Paradoxie seines Wesens bestimmt sich dadurch, dass er zwar Mittler bzw. Vermittler zu sein beansprucht, dass ihm jedoch eine Vermittlungs- *Kunst* völlig abgeht. Statt seine Vermittlungsziele in artifizieller, mittelbarer Weise zu realisieren, setzt Mittler auf die Direktheit des Zuspruchs, d.h. er richtet Appelle an die Betroffenen, mahnt sie zur Befolgung sittlicher Grundsätze und stellt ihnen vor, was sie verlieren, wenn sie sich seinen Normen nicht fügen. Über ein psychologisches Verständnis für Menschen und deren Situationen verfügt Mittler nicht, weswegen er auch nicht wirksam zu handeln vermag. Wahrscheinlich ist es in den Augen des Dichters insbesondere diese seine kunstlose, hausbackene Direktheit, die Mittlers Unfähigkeit in Vermittlungsangelegenheiten bedingt.[11]

Andererseits wäre es abwegig, wollte man den traurigen Verlauf des Romans mit seinem tödlichen Ausgang mit Mittlers fehlender Vermittlungsfähigkeit begründen. Mittler fungiert auch deswegen nur als figurales Konstrukt innerhalb des Romans, weil dieser sich insgesamt der Logik von Ursache-Wirkung-Relationen entzieht. Mittler also bedingt nicht etwa das Schicksal von Eduard und Ottilie oder der anderen Figuren, sondern er steht, über das Individuelle hinaus, zeichenhaft für die Unmöglichkeit pragmatischer Lösungen innerhalb des Formgesetzes der *Wahlverwandtschaften.*

Mittler erscheint als Umkehrung des poetischen Prinzips von Indirektheit der Rede und artifizieller Gestaltung, als eine durch und durch prosaische Figur, mittels deren das ‚gemeine Leben' in die mittelbare Kunstwelt des Romans hineinragt.

11 Vaget erklärt, dass Mittler „eine fruchtbare, zwischen den Ständen vermittelnde Funktion" abgeht. (Vaget, wie Anm. 4, S. 147).

Zwar fungiert er in dieser seiner Rolle ebenfalls als eine Art Kunstfigur, doch repräsentiert er, anders als etwa Ottilie, die selbst eine Affinität zum ästhetischen Schein der Kunst besitzt, in den sie am Ende ganz übergeht, lediglich jenes ‚gemeine Leben' des sozialen Funktionalismus, von dem sich der Roman als ästhetische Reflexionsgestalt so deutlich emanzipiert hat. Überhaupt ist der Roman erfüllt von einer tiefen Skepsis gegenüber pragmatischen Lösungsansätzen wie etwa der Ehe auf Zeit, wie sie vom Grafen und der Baronesse propagiert wird. Das Zeitmodell eines sich selbst auflösenden Ehevertrags steht als einfacher Gegensatz den absoluten Forderungen Mittlers gegenüber und spiegelt diese, ohne doch als deren Alternative wirksam werden zu können. Der Roman lässt, jenseits aller ethischen und sozialen Handlungsmaximen welcher Art auch immer, pragmatische Konfliktlösungen nicht zu, und dafür steht die eigensinnige Mittler-Figur, der kein Erfolg beschieden ist, die vielmehr den traurigen Gang der Handlung eher noch befördert.

Mittler steht durchgängig unter dem Zeichen dilettantischer Gutwilligkeit und stellt somit als Funktionsträger sich selbst infrage, wenngleich er als Person niemals an sich zweifelt.

Goethes Ironie trifft ihn aufgrund der Vergeblichkeit seines Wirkens im Verhältnis zur Unbedingtheit seiner Ansprüche, die doch seinen Namen und seine Rolle bestimmen. Wenn Mittlers Mittlertum in der beschriebenen Weise negiert wird, ist nach seiner poetischen Funktion im Roman zu fragen. Wozu dient eine Figur, die sich durchgehend selbst dementiert? Wenn die Figur keine positive Rolle zu spielen vermag, so verweist dies auf eine negative Zeichenhaftigkeit. Und diese besitzt poetisch eine eigene Dimension, insofern sie der gescheiterten pragmatischen Vermittlung gegenüber auf das Prinzip poetischer Vermittlung verweist.

Die Dichtung, darauf rekurriert sie selbst, vermag zu trennen und zusammenzufügen, sie braucht sich der Logik sozialer, psychischer, chemischer oder physikalischer Verhältnisse nicht zu beugen. In ihr gilt lediglich das Gesetz poetischer Schlüssigkeit jenseits aller Empirie, wenngleich sie sich thematisch-gegenständlich durchaus auf Daten und Beziehungen der erfahrbaren Welt beziehen mag. Selbst das Symbolwesen, sofern es von den Figuren im positiven oder negativen Sinn gedeutet wird, gerät auf der Reflexionsebene des Romans in ein überaus fragwürdiges Licht. Dafür steht etwa die Geschichte des Trinkglases, dessen verwobene Schriftzeichen ursprünglich lediglich auf Eduard und seinen zweiten Vornamen als deren Initialen bezogen waren, später jedoch von Eduard und Ottilie als gemeinsames Schriftsymbol ihrer Verbindung interpretiert werden. Symbolhaft also sieht sich das Paar vereint und verspricht sich eine gemeinsame Zukunft, während es in der Lebenswelt des Romans getrennt bleibt und erst in der Ruhe des Todes seine Vereinigung findet.

Das Trinkglas mit den Namenszeichen E und O reflektiert seine eigene Symbolik. Während es nämlich bei der Grundsteinlegung des Lusthauses nicht zerbricht, obwohl es doch physikalisch zerbrechen sollte, was von Eduard und Ottilie als Zeichen ihrer andauernden Verbindung gedeutet wird, die doch im Leben nicht realisiert wird, erscheint das Glas am Ende tatsächlich als zerbrochenes und bedingt, da Eduard aus dem Ersatzglas nicht mehr trinken will, die künftige Gemeinsamkeit der Liebenden im Tode. Als Symbol existierender Verbundenheit gedeutet, wird das Glas fehlinterpretiert, während das Zerbrechen des Glases, als Zeichen der Trennung aufgefasst, zur Todesvereinigung führt. Symbolebene und Lebenswelt stimmen gerade nicht überein – der Bezug von „Gleichnis“ (Mü 9, 528) und Deutung zerbricht –, sondern verweisen aufeinander als distinkte. Erst der Tod hebt diese Distinktion auf und führt zu einer Vereinigung, die jedoch von den Figuren selbst nicht mehr empfunden werden kann, weil sie lediglich im Schein des Bildes existiert, im tableau mort.

Symbolen und Gleichnissen haftet noch ein Moment der falschen Unmittelbarkeit an, insofern ihre Deutungsfähigkeit auf der Identität zwischen dem Gegenstand und seiner ihm zugeschriebenen Bedeutung beruht. Derartige symbolische Bezüge erscheinen im Roman als Ausdruck der Deutungswillkür der Figuren, die ihre Affekte und Wünsche auf Gegenstände projizieren[12] bzw. negativ die zuvor getätigten Sinnprojektionen aufgelöst sehen, wenn der beziehungsträchtige Gegenstand zerbrochen ist. Symbole werden im Romangeschehen also gerade dadurch destruiert, dass ihre Deutung dem subjektiven Wollen und Wünschen der Figuren zugeschrieben wird, welches seine Erfüllung eher ausschließt, weil der magische Glaube an Zeichen durch das Geschehen aufgelöst wird. Anders hingegen die vom Erzähler gesetzte allegorische Beziehung etwa der Aster als Todesblume, auf die keine der Romanfiguren deutend rekurriert, deren Zeichencharakter also ausschließlich auf den Setzungen des Erzählers beruht, der sich allerdings auf überlieferte Zeichentraditionen zu beziehen vermag.[13] So heißt es bei den Bestattungsvorbereitungen Ottilies: „Man kleidete den holden Körper in jenen Schmuck den sie sich selbst vorbereitet hatte; man setzte ihr einen Kranz von Asternblumen auf das Haupt, die wie traurige Gestirne ahndungsvoll glänzten." (Mü 9, 524)

Dieser „Kranz von Asternblumen" besitzt keine symbolische Beziehung zum Tod Ottilies, sondern, vermittelt über den Namen „Aster"[14], eine Zeichenbeziehung zu „traurige Gestirne", die anthropomorphisiert erscheinen („traurige", „ahndungsvoll"), auf diese Weise also als Projektionsgebilde menschlicher Affekte zitiert werden. Der Zeichenbezug wird somit als Leistung des Erzählers ausgewiesen. Er ist es, der mit-

12 vgl. Brandstetter (wie Anm. 2), S. 133
13 Die Aster als Todesblume
14 Stern, Gestirn

tels seiner sprachlichen Fügung das Zeichensystem operativ entwirft und für den „wie"-Vergleich mit seinen Deutungsimplikationen verantwortlich zeichnet. Ihm, dem Erzähler, kommt die Lizenz zu, Zeichen zu setzen und mit Bedeutungen anzureichern, weil sich die poetische, artifizielle Setzung als die der Romankunst wesentlich unterscheidet von der magisch inspirierten Zeichendeutung der Figuren, die jeweils durch das Romangeschehen dementiert wird.

Die der Blume (Aster) zugeschriebenen Affekte unterscheiden sich wesentlich von den Bedeutungsgehalten anlässlich der zerbrechlichen Symbolik des Trinkglases und seiner verschlungenen Initialen, sind sie doch mittelbar erzeugt durch die sprachliche Fügung dessen, der die Geschichte, wie bereits angedeutet, auktorial entwickelt und der durchgängig darauf besteht, Figuren und Geschehen fingierend zu setzen, statt eine vorhandene Geschichte zu reproduzieren. Der Roman beansprucht auch auf dieser Ebene die Innovationskraft einer Erfindung, statt sich der Schein-Authentizität eines in der (historischen) Lebenswelt Vorhandenen zu bedienen.

Lediglich in der eingefügten „Novelle" wird im Vergleich zum Romangeschehen der Schein erzeugt, es handele sich um eine authentische Geschichte, die sich obendrein „mit dem Hauptmann und seiner Nachbarin wirklich zugetragen" (Mü 9, 482) hatte, weswegen Charlotte auf die Erzählung „höchst bewegt" reagiert: „denn die Geschichte war ihr bekannt" (ebd.). Wem eine Geschichte bekannt ist, der vermag sie nicht als „Novelle" zu rezipieren. Ihr Neuigkeitswert ist zumindest für Charlotte nicht gegeben. Die literarische Form der Novelle, als Einschub innerhalb des fiktiven Romangeschehens, wird auf diese Weise destruiert. Oder anders gesagt: das Verhältnis von Fiktion und ‚wahrem' Geschehen wird umgedreht.

Innerhalb der Gesamtfiktion des Romans erscheint ausgerechnet die „Novelle", als solche deklariert, als lebensgeschichtlich authentisch, indem ihr der der Form eigene Neuigkeitswert abgesprochen wird. Sie klingt zwar tatsächlich wie ein „unerhörte Begebenheit“ nach Goethes eigener Definition[15], wird jedoch der Realwelt des (fiktiven) Romangeschehens zugeschrieben. Nimmt man hinzu, dass der Roman *Die Wahlverwandtschaften* ursprünglich als novellistische Einlage zu den “Wanderjahren“ gedacht war[16], so verwirren sich die Beziehungen zwischen Fiktiv-Literarischem und Real-Authentischem vollends. Goethe spielt mit den verschiedenen Ebenen von Roman, Novelle, novellistischer Einlage, indem er deren jeweilige Charakteristika verkehrt.

Was nun Figuren und Geschehen der Novelle im Verhältnis zum Roman betrifft, so lässt sich von einem doppelten Spiegelungsverhältnis sprechen: Der Roman spiegelt sich in der Novelle, die Novelle im Roman. Während der Roman sein Ende im Tode der Liebenden findet, die erst im Tode vereint erscheinen als tableau mort, handelt es sich in der Novelle um ein Geschehen „vom Tode zum Leben.“ (Mü 9, 481) Die Liebenden sind hier lebend vereint, um den Segen der Eltern bittend, der ihnen nicht zu versagen ist, obgleich ihnen, über den Rahmen der Novelle hinaus, auf Dauer offenbar kein gemeinsames Glück beschieden ist. Sie bieten ein „Schauspiel“ – ein weiteres Genre klingt an -, indem sie die Hochzeitskleider ihrer Gönner tragen, nehmen also in einer Art Verkleidung vorweg, was wirklich werden soll, zumindest im Nukleus der Novelle. Im Gegensatz zu Eduard und Ottilie im Roman, die einander magnetisch anhängen, erfahren die Nachbarskinder eine wechselseitige Abstoßung, welche als „Kampf“ und „unter der des Widerstrebens“ als „eine heftige, gleichsam angeborene Neigung“ (Mü 9, 477) gedeutet wird. Die gegensätzlichen Beziehungsverhältnisse der Paare werden in der Weise ausgedrückt,

15 zu Eckermann, 29.1.1827. Gespräche mit Eckermann, Münchener Ausgabe Bd. 19, 203

16 Mü 9, 1211 (Kommentar)

dass das Novellenpaar über Abstoßung und Konflikt, den Gegensatz, durch die Katastrophe des versuchten Selbstmords hindurch zueinander findet, während die Liebenden des Romans spannungslos ineinander zu verschmelzen drohen und insbesondere deswegen im Leben ihre Liebe nicht zu realisieren vermögen. Ottilie könnte niemals als „schöne Feindin" oder als „schöne Beute" (Mü 9, 480) aus Eduards Sicht bezeichnet werden, ebenfalls dürfte die Rede nicht sein von ihrem „nackten Körper" (Mü 9, 480), weil zwischen dem Paar des Romans eine körperliche Beziehungsebene lediglich zeichenhaft, niemals jedoch real vorhanden ist. Die Nachbarskinder der Novelle fallen sich am Ende „gewaltsam in die Arme" da sie sich „aus der Gleichgültigkeit zur Neigung, zur Leidenschaft gefunden" haben. (Mü. 9, 481)

Das Gewaltpotential zwischen den Nachbarskindern gilt als Voraussetzung, ja als Element ihrer leidenschaftlichen Beziehung.[17], während zwischen Eduard und Ottilie nur die Sorge herrscht, der Partner könne eine Verletzung erfahren.

In der Novelle findet sich insgesamt eine anti-tragische Struktur. Die Katastrophe schlägt um in die Rettungstat, welche die Vereinigung der Liebenden nach sich zieht, während in der Tragödie es die versuchte Rettung ist, welche die Katastrophe hervorruft. Im Roman hingegen finden sich tragische Motive, nicht hingegen eine tragische Struktur: Der Wassertod des Kindes ist die Katastrophe, auf die das langsame Absterben Ottilies folgt, nicht ein gewaltsames Ende, kein Suizid, kein

17 Dies gilt in ähnlicher Weise zwischen Penthesilea und Achill bei Kleist. Deswegen lässt sich der *Wahlverwandtschaften*-Roman insgesamt als Antwort Goethes auf Kleists *Penthesilea* deuten. Vgl. vom Verf.: Penthesilea und Kleist. Tragödie der Leidenschaft und Leidenschaft der Tragödie, jetzt in Gerhart Pickerodt, „zerrissen ab Leib und Seele", Studien zur Identitätsfrage bei Heinrich von Kleist, Marburg 2011, S. 23–43

Sprung ins Wasser, vielmehr die Unterbrechung des natürlichen und sozialen Stoffwechsels, welche zum Tode führt und Ottilie als Heilige erscheinen lässt. Auch der Romanschluss ist, so wollte es Goethe gegenüber Kleist, nicht tragisch in der Weise, dass der Weg zur Rettung in den Untergang führte, weil an Rettung überhaupt nicht zu denken ist. Aus diesem Grund endet der Roman traurig und schön, so schön als traurig.

Beide Elemente, Roman und Novelle, spiegeln sich ineinander. Die Verschiedenartigkeit der jeweiligen Gegenstände und Strukturen wirft ein Bild zurück, welches die Konturen des jeweils anderen Elements schärft und die Alternativen zuspitzt. Roman und Novelle spiegeln sich aber auch als Formen: In der kompakten Novellenform, in der das Geschehen in höchster Konzentration und Dichte verläuft, spiegelt sich die große Form des Romans, die vielfache Sub-Formen aufweist (Erzählung, Gespräche, Briefe, Tagebuch) und insgesamt ein breiteres episches Gleiten, allerdings unterbrochen durch Zäsuren und Neubeginne, gegenüber der dramatischen Zuspitzung der Novelle vollzieht. Umgekehrt spiegelt sich die Kleinform der Novelle auch im Roman und vermittelt virtuell auch dessen nicht realisierte Alternative. Die Figuren der Novelle vollziehen wie in einem physikalischen Gleichnis ihre Abstoßung und magnetische Anziehung, während der Roman sich zum chemischen Gleichnis der *Wahlverwandtschaften* in Beziehung setzt.[18] Nimmt man indessen hinzu, dass die Novelle auch einen Teil des Romans selbst darstellt und diesem nicht nur gegenübersteht, sondern dessen Formenspektrum ergänzt und erweitert, so lässt sich der Schluss ziehen, dass der Roman ge-

18 Die jeweiligen Gleichnisse werden nicht etwa erzählerisch auszudeuten versucht, nicht poetisch sanktioniert, sondern sie gelten als Parameter, auf die sich die Erzählformen als auf ein anderes beziehen.

genständlich wie strukturell seine eigene Alternative mitträgt und mitvollzieht.

Dadurch gewinnt er eine Art von Universalität, welche die Gegensätze – die des Lebens wie der Kunst – in sich ausprägt und vermittelt. Schließlich verdient Erwähnung, dass die Novellenhandlung auf die des Romans rückbezogen wird, indem man berichtet, die Begebenheit habe sich „mit dem Hauptmann und seiner Nachbarin wirklich zugetragen", während jedoch zugleich auf die Aus- und Umformungen durch den Erzähler verwiesen wird, die ein unbestimmtes Verhältnis zwischen dem Inhalt der Novelle und dem ‚tatsächlichen' Ablauf der Ereignisse nach sich ziehen: „Es bleibt zuletzt meist alles und nichts wie es war." (Mü 9, 482) Ein kryptischer Satz, der auf die romanpoetologischen Verschlingungen verweist.

Da der Leser weiß, dass der Hauptmann gegenwärtig nicht in einer glücklichen Beziehung lebt, wird mittelbar auch der Novellenschluss in Frage gestellt, insofern den Nachbarskindern offenbar kein dauerhaftes Miteinander beschieden ist. Wenn so der Roman die glückliche Fügung des Novellenpaars in Frage stellt, destruiert er damit auch die antitragische Struktur der Novelle und nimmt sie zurück in den insgesamt traurigen Romanablauf, ohne doch ihren alternativen Charakter gänzlich aufzulösen, weil, akzentuiert durch Überschrift und Erzählform, das Genre Novelle als solches auch sanktioniert wird. Auf diese Weise entsteht ein höchst komplexes Verhältnis zwischen den Formen Roman und Novelle: gespiegelt in ihrer jeweiligen Andersartigkeit, die durch den Spiegel schärfer konturiert erscheint, verzahnt ineinander, wodurch die Andersartigkeit partiell zurückgenommen wird. Aufgrund der Akzentuierung der Literaturgattung ‚Novelle' gegenüber der fingierten Lebenswelt des Romans ergibt sich eine weitere Spiegelung von Literatur und fingiertem Leben, eine Spiegelung, die sich indessen dadurch, dass der Roman sich vielfach selbst als Artefakt zu erkennen gibt, als eine von differenten literarischen

Genres erweist, deren Differenz aufgrund des Verzahnungseffekts nochmals relativiert wird.

Betrachtet man das beschriebene komplexe Beziehungsverhältnis der Elemente und Formen nochmals auf einer höheren Abstraktionsstufe, so lässt sich der Satz: „Es bleibt zuletzt meist alles und nichts wie es war." nicht nur inhaltlich beziehen, sondern auch als Konsequenz der Formung. Im Verhältnis des Spiegels bleiben die Elemente für sich erhalten, gleichwohl bleibt nichts wie es war, weil die Elemente nicht nur, allerdings seitenverkehrt, für sich stehen, sondern in ihrem Für-Anderes-Sein, in ihrer Relation, ihrer dadurch gewonnenen Mittelbarkeit.

Hinzu kommt, dass der zitierte Satz über das Bleiben von „alles und nichts" selbst einen hohen Grad von Mehrdeutigkeit aufweist. Der Satz lässt sich gliedern in zwei gegensätzliche Teile: „Es bleibt zuletzt meist alles" und „Es bleibt zuletzt nichts wie es war". Identisch bleiben kontrastiert dem strikten Wechsel der Identität. Das „alles und nichts" lässt sich jedoch zu einem gemeinsamen Satz-Subjekt zusammenziehen., was zur Folge hat, dass eine generelle Unbestimmtheitsrelation entsteht. Das Prinzip der Mittelbarkeit bewirkt, dass fixe Bedeutungszuschreibungen im Bezug auf einzelne Teilelemente aufgelöst und alles auf die Beziehungsebene verschoben wird. Der Romantext verweist somit auf seine Interpretationsbedürftigkeit, allerdings nicht in dem Sinne, dass der Interpret Eindeutigkeit selbstmächtig herstellen sollte, sondern derart, dass das Beziehungsgeflecht der Elemente in seiner konkreten, unbestimmt-offenen Bezüglichkeit zu analysieren ist. Mittler heißt Mittler und ist es doch nicht, der Dichter hingegen lässt ein ebenso komplexes wie vielfältiges System poetischer Mittelbarkeit entstehen, welches nicht aufzulösen, vielmehr begrifflich zu rekonstruieren ist, um es in seinen Differenzen und Beziehungsformen zu bestimmen.

Mittelbarkeit erweist sich als ein poetologisches Grundmuster, insofern kein Element des Textes nur für sich steht, sondern jedes sich nur in seiner Relation zu anderen seinen Sinn offenbart, wodurch sich sein So-Sein in ein Für-Anderes-Sein verwandelt.

Indem nichts lediglich es selbst ist, sondern alles in seiner Vermittlung mit anderem existiert, gewinnt das Erzählwerk neben seiner horizontalen Sukzession auch gleichsam eine vertikale oder räumliche Simultaneität. Der Satz: „Es bleibt zuletzt meist alles und nichts wie es war." Lässt sich demnach neben der zeitlichen Dimension des Erzählablaufs so lesen, dass alles Geschehen auch die Vorgeschichte betrifft und sie retrospektiv in ein anderes Licht taucht.

Prospektive Erwartung und retrospektive Erinnerung ergeben, zusammen mit der jeweiligen Aktualität des Erzählens, ein dynamisches Beziehungsgeflecht, in welchem die einzelnen Elemente ihre jeweilige Position stets verändern. Wie in einer großen Symphonie gibt es demnach keine konstanten Konstellationen und Bezüge. Auf diese Weise bestätigt die Romanform die Dynamik der Beziehungsverhältnisse zwischen den Figuren sowie deren Fragilität. Die anfängliche Erwartung, Charlotte und Eduard hätten nach langen Entbehrungen endlich ein ruhiges, stabiles und glückliches Verhältnis gewonnen, erweist sich retrospektiv als Illusion. Die Erweiterung des Figurenensembles durch Ottilie und den Hauptmann bricht die scheinbar so stabile Beziehung des Ehepaares auf und verändert sie. Aus der späteren Perspektive zeigt sich auch die anfängliche Konstellation als brüchig, insofern beide Partner – aus unterschiedlichen Motiven – auf Ergänzung bzw. Erweiterung des Beziehungsrahmens drängen. Ihren höchsten Punkt sinnlicher Prägnanz erreicht diese Dynamik in der Physiognomie des neugeborenen Kindes, welches die Augen Ottilies und die Züge des Hauptmanns trägt und damit das konventionelle Vererbungsschema durchbricht. Das dynamisierte soziale Gefüge der vier Protagonisten erweist sich sinnfällig darin, dass das Kind von seinen physischen Eltern nichts, von deren virtuellen Liebespartnern alles erhält, so dass neben der aufgelösten Elternbeziehung sogar das biologisch-chemische Prinzip der Vererbung außer Kraft gesetzt zu sein scheint. Physiognomisch entsteht im Kind eine neue Konstellation von Ottilie und dem Hauptmann, von Personen also, die weder emotional noch physisch aufeinander bezogen sind.

Goethe scheint hier das romanpoetologische Prinzip der Mittelbarkeit physiognomisch ausstellen zu wollen. Was zählt, ist nicht das Ereignis des Geschlechtsaktes und der Vererbungslehre, was zählt ist vielmehr die transphysiologische Mittelbarkeit von Figurenbeziehungen. Aus der Perspektive der dritten Personen (des Hauptmanns und Ottilies) vermittelt sich ihre physiologische Erbschaft durch die Affekte der leiblichen Kindseltern, während aus der Perspektive der physischen Eltern es der Vermittlung über die geliebten anderen bedarf, um ihr leibliches Kind wie ein Fremdkind erscheinen zu lassen. Damit geraten aber auch die scheinbar so fixen Kategorien wie „eigen“ und „fremd“ in ein dynamisches Verhältnis. Die im biologischen Sinn Fremden und Unbeteiligten erkennen in der Physiognomie des Kindes Eigenes, während die leiblichen Eltern im Kind nur Nicht- Eigenes, Fremdes entdecken können, das jedoch unter dem Blickwinkel ihrer Affekte gerade das geliebte Andere repräsentiert, das sie sich zuzueignen wünschen. Im Kind entsteht, aus dessen eigener Perspektive, die allerdings nicht thematisiert wird, eine physiognomische Beziehung ganz eigener Art, insofern die Kombination von Ottilie und Hauptmann weder auf biologischer Abstammung beruht noch auf emotionalen Bezügen zwischen diesen irrealen Eltern. Das Neue ist Resultat von Beziehungen zwischen einander fremden Elementen, da die leiblichen Eltern im jeweils anderen nur den geliebten Dritten erleben, sich selbst hingegen in ihrer jeweiligen Eigenart fremd geworden sind, und die Träger der Kindesphysiognomie untereinander keine substantiellen Beziehungen aufweisen.

Warum das Kind als neues Eigenes, vermittelt über die Konstellation einander fremder Elemente, keine Lebensperspektive besitzt, beruht nicht auf moralischen Erwägungen des Autors, verweist indessen in seiner niemals explizit gegebenen Begründung zurück auf die Mittler-Figur. Mittler wollte ältere Beziehungen, in seinem Sinne legitime, schützen und retten, was ihm auf der Ebene der Romanhandlung gründlich misslang. Die Figur Mittler verwies darauf, dass lediglich auf der Ebene der Kunst, über das Prinzip artifizieller Mittelbarkeit, Vermittlungsprozesse erfolgreich zu gestalten sind. Ähnliches gilt für das Kind: Es ist Resultat der Vermittlung einander fremder Elemente, eine Art lebendiges Artefakt, das vom Wasser, in den Augen Goethes das lebensspendende Prinzip, wieder zurückgenommen wird: ein unglücklicher Zwitter aus Kunst und Leben wie Homunculus im zweiten *Faust*, der sich im Wasser verströmen will, um noch einmal lebendig zu entstehen.

Auf der Handlungsebene wird das Kind zum Opfer der Unaufmerksamkeit Ottilies, die ihrerseits von Eduard, dem leiblichen Vater des Kindes, bedrängt wurde.

Auf dem Weg Ottilies zum Tode stellt der Tod des Kindes eine Etappe dar[19]. Die physiognomische Elternschaft Ottilies und des Hauptmanns zerreißt das Kind, ebenso wie das physische Elternpaar, Eduard und Charlotte, zur Trennung tendiert. Die zentrifugalen Kräfte, welche sich in dem Kind manifestieren, bewirken, dass ihm diejenige organische Einheit fehlt, die es zum Überleben benötigte.

19 Wenn im Tableau vivant am Weihnachtsabend der Knabe sich zu regen beginnt, wird die Vorführung beendet. Der Tod des Kindes am Wasser reißt die ‚Mutter' mit sich, und der Roman geht auf sein Ende zu.

Goethe ist sich der großen Differenz bewusst, die zwischen dem lebendigen Organismus und seiner Integrität einerseits und der vermittelten, mittelbaren Einheit eines Kunstwerks besteht. Der lebendige Organismus kann kein Kunstwerk sein, so wenig wie das Kunstwerk ein lebendiger Organismus. Dieser Differenz eingedenk zu sein, lehrt der Roman *Die Wahlverwandtschaften.*

Autobiographisches

Das römische Carneval/Campagne in Frankreich

Das römische Carneval

Während im *Römischen Carneval*[1] eine symbolisierende Darstellungsweise dominiert, wird in der *Campagne in Frankreich* ein Bruch zwischen Anschauung und Begriff reflektiert, der durch die Gegenständlichkeit der dargestellten Ereignisse und deren historische Physiognomie selbst bedingt ist. Nach Goethes Symbolverständnis fallen in diesem Gegenständlichkeit und Bedeutungsebene im konkreten Objekt zusammen, d.h. Anschauung und Bedeutung bilden für die Einbildungskraft des Lesers / Betrachters eine unauflösliche Einheit. „Die Symbolik verwandelt die Erscheinung in Idee, die Idee in ein Bild und so daß die Idee im Bild immer unendlich wirksam und unerreichbar bleibt, und selbst in allen Sprachen ausgesprochen doch unaussprechlich bliebe.“[2]

Unter dem Blickpunkt ihrer Darstellungsweisen kennen die autobiographischen Schriften, je nach der Entstehungszeit, differente Formen, die gravierende Unterschiede aufweisen.

Entscheidend ist hier der Vorgang des Verwandelns: Es handelt sich im Verhältnis von sinnlich-anschaulicher und ide-

---

1 1789

2 Maximen und Reflexionen, 1113, Mü 17, 904

eller Ebene also um ein durch und durch dynamisches Verhältnis. Von beiden Ebenen gehen Impulse aus, die in Richtung der jeweils anderen Seite gehen, weswegen es auch nicht zu einer fixen Beziehung zwischen Idee und Bild kommt.

Vielmehr ist die Idee im Bild nicht festzuhalten, weil sie als dynamische Kraft „unendlich wirksam und unerreichbar" bleibt, sich als Idee von der Bildsphäre nicht loslösen lässt.

Insofern ist die Idee als solche auch nicht begrifflich fixierbar, sie rotiert gleichsam im Bild und lässt sich daher nicht eindeutig fassen. Der Erkenntniswert des Symbols bleibt demnach eigentümlich. „Unendlich wirksam" ist die Idee im Bild als eine Kraft, welche nicht zur Ruhe gelangt, sondern in der Bildsphäre stets dynamisch - nicht zielgerichtet - kreist. Als unmittelbar kann diese Darstellungsform gelten, weil weder Autor noch Rezipient einen reflektierenden Zugriff besitzen auf das, was als „Idee" bezeichnet wird. Weder erschöpft sich das Darstellungsziel im Sinnlich-Bildhaften noch im Ideellen, vielmehr liegt es in jener kompakten Einheit der ineinander verschlungenen Momente.

Die nicht-symbolische Darstellungsform hingegen lässt sich als gespaltene verstehen, insofern das rezipierende Subjekt mittels seiner Reflexionsfähigkeit die bildliche sowie die ideelle Seite auseinanderhält und beide Ebenen mittelbar, d.h. vermittels der eigenen Subjektivität aufeinander bezieht. Die bildliche Seite bedarf der Entschlüsselung mittels der Reflexion, sie spricht, anders als in der Symbolik, nicht für sich selbst. Unmittelbares Einssein in der Symbolik steht gegen Mittelbarkeit der Deutungsbedürftigkeit in der gegenwärtigen Moderne.

Der Text des *Römischen Carneval* wurde bereits kurz nach Goethes Rückkehr aus Italien erstmals publiziert (1789) und später in die *Italienische Reise* (1816–1829) ohne nennenswerte textliche Veränderung eingefügt.

Der Text bezieht sich auf die Karnevalszeit des Jahres 1788. Bereits im Jahre 1787 war Goethe Zeuge des römischen Karnevals gewesen, ohne seine Zeugenschaft allerdings zu einem konkreten und konsistenten Bericht zu verarbeiten.

Im Jahr 1787 dominiert vielmehr die Abwehr gegen das Fest, eine Abwehr, die auch später, bei der Redaktion der Texte, keineswegs eine Milderung erfuhr. Die Tradition des spätmittelalterlich-neuzeitlichen Karnevals, auf dem *Corso*, der *Via lata* im Jahre 1466 von Papst Paul II. begründet, dokumentierte in ihren Grundzügen bereits die Festfolge, wie Goethe sie erlebte, wenngleich die gegenwärtige Form keine besonderen Wettläufe von Juden, Stuten und Kindern mehr vorsah. Was Goethe an jenem Karneval 1787 insbesondere vermisste, waren „innere Fröhlichkeit“ und „Herzensfreude“ (Mü 15, 210) der Festteilnehmer, wohingegen ihn ein „unglaublicher Lärm“ heftig zu stören schien. Die Abwesenheit jener inneren Festgesinnungen und -Empfindungen stellte Goethe damals durchaus in einen äußeren Zusammenhang, da es den Menschen an Geld mangelte, das „Bißchen Lust was sie noch haben auszulassen“: „Die Großen sind ökonomisch und halten zurück, der Mittelmann unvermögend, das Volk lahm.“ Woher sich das Volk die Mittel hätte besorgen sollen, um „Herzensfreude“ gegen die Grundstimmung von Lahmheit zu realisieren, wenn schon die Mittelschicht als „unvermögend“ gilt, erwähnt Goethe nicht. Entscheidend, wenn auch auf einer Fehleinschätzung seiner selbst beruhend, sind die Sätze: „Das Carneval in Rom muss man gesehen haben, um den Wunsch völlig los zu werden, es je wieder zu sehen. Zu schreiben ist davon gar nichts, bei einer mündlichen Darstellung möchte es allenfalls unterhaltend sein.“ (Mü 15, 210)

Goethe hat indessen im folgenden Jahr (1788) das Carneval erneut beobachtet, und er hat seine Betrachtung in einen Text umgesetzt, um dessen Darstellungsform es hier zu tun ist. Zunächst ist festzuhalten, dass der Text von mündlicher Unmittelbarkeit des Erzählens keine Spur aufweist. Auch eine Unterhaltungsfunktion lässt sich dem Text beileibe nicht abmerken.

Innerhalb des Textes selbst wird sein Genre in unterschiedlicher Weise benannt, zunächst als „Beschreibung“ (572), später als „Erzählung“ (587), orientiert auf die „Einbildungskraft unserer Leser“ (573) beziehungsweise gerichtet auf „Einbildungskraft und Verstand“, „in seinem Zusammenhang“ (606) dargestellt. Ob der Leser nun am Geschehen beteiligt, ob er belehrt, erbaut, vergnügt werden soll, darüber vermittelt der Text sehr unterschiedliche Signale, und bisweilen geht Goethes Vorstellung von der Textfunktion auch in die Richtung, dass der Leser, das Druckwerk in der Hand, die Ereignisse mit seiner Hilfe wie mit einem Theaterprogramm verfolgt. (588) Letzteres impliziert die Erwartung, dass die Programmfolge auch in den Folgejahren ohne substantielle Veränderung sich gleich bleiben wird„ das Theaterprogramm also nicht obsolet wird. Der Leser hätte in diesem Fall den Text nicht nur als Ersatz für eigene Präsenz zu nutzen, sondern als eine Art Reiseführer, der ihm die notwendige Orientierung vermittelt: eine durchaus praktische Funktion als Ergänzung für Goethes eigenen Reiseführer Volkmann.[3]

Dass Goethe seinen Text, den er gerade verfertigt, als bereits gedruckten sich vorstellt, als „Buch“, verweist auf ein ausgeprägtes Autor-Bewusstsein, fern jeder positiven Bezüge zu seinem Gegenstand. Denn dieser, das Carneval, ist ihm auch in diesem Jahr (1788) kein Erlebnis, das ihn zur Teilhabe anreizen würde: „Wie froh will ich sein, wenn die Narren künftigen Dienstag Abend zur Ruhe gebracht werden. Es ist eine entsetzliche Seccatur andere toll zu sehen, wenn man nicht selbst angesteckt ist.“ (Mü 15, 608), heißt es unter dem Datum des 1. Februar. Goethe ist nicht „angesteckt“, er bleibt vielmehr mit

3 Johann Jakob Volkmann, Historisch-kritische Nachrichten von Italien …, Leipzig 1770 f

voller Absicht distanzierter Beobachter, der zwar die Einbildungskraft seiner Leser stimulieren will, dies jedoch nicht in der Weise, dass sein Text die dargestellten Ereignisse nachzubilden versuchte. Rhythmus und Lautlichkeit des Textes sind nicht auf Reproduktion der Ereignisse ausgerichtet, nicht auf Stimmung des Festes oder gar die Vermittlung von Freude. Einer derartigen Textfunktion der Schaffung von unmittelbarer Präsenz steht entgegen, dass Goethe im Vorjahr bereits die „Herzensfreude" der Beteiligten vermisste und nichts dafür spricht, dass er sie in diesem Jahr wiedergefunden hätte. Von der Tollheit der Festteilnehmer hingegen will er sich nicht anstecken lassen, und so bleibt auch sein Text davon gänzlich frei.

Der Text folgt im Wesentlichen der Chronologie der Ereignisse, wenngleich auch topographische Aspekte in Erscheinung treten (der *Corso* als Handlungsraum) und das Fest allgemein auf das römische Volksleben zurückbezogen wird.

„Das Carneval ist … eigentlich nur eine Fortsetzung oder vielmehr der Gipfel jener gewöhnlichen sonn- und festtägigen Freuden, er ist nichts neues, nichts fremdes, nichts einziges, sondern er schließt sich nur an die römische Lebensweise ganz natürlich an." (Mü 15, 574) Im folgenden Abschnitt spitzt der Betrachter die Akzentuierung des Gewöhnlichen am Carneval noch insofern zu, als er schreibt „es scheint das ganze Jahr Carneval zu sein" (Mü 15, 575). Wenn Goethe hier in dreifacher Negation („nichts neues, nichts fremdes, nichts einziges" sowie im Perspektivwechsel vom Carneval, der das ganze Jahr über stattzufinden scheint, auf das Volksleben die enge Verbindung beider Seiten betont, lässt er deutlich werden, was ihn am Carneval in Rom interessiert, nämlich das Generisch-Allgemeine, das Typische, als dessen Verdichtung in räumlicher und zeitlicher Konzentration der Carneval auf dem Corso und seiner Umgebung erfasst wird. Carneval in Rom erscheint insofern nicht als Unterbrechung des Alltäglichen, nicht etwa als fünfte Jahreszeit wie in den Karnevalsorten in Deutschland, sondern als der symbolische Augenblick, in dem das Ganze und Allgemeine, das Immerwährende zur besonderen und konkreten Anschauung gelangt. Gerade weil dem so ist, vermag Goethe sich nicht in den Ereignisstrudel zu mischen, vermag er nur außenstehender Beobachter zu sein, zumal ihm das römische Leben als ganzes fremd geblieben ist und er die zwei italienischen Jahre eher als Ethnologe innerhalb einer deutschen Künstler- und Literatenkolonie verbrachte denn als temporäres Mitglied der römischen Gesellschaft.

Lediglich im Bereich von Erotik und Sexualität überwinden Goethes auf Rom orientierte Texte die Fremdheit – oder es stellt die Fremdheit gerade einen besonderen Reiz dar ? -und lassen einen Anflug von Auflösung der Identität des Eigenen im römischen Anderen erkennen, oder zumindest doch den Anhauch der Vermischung als Thema und poetischer Vollzug seiner „Römischen Elegien“: „Und es durchglühet ihr Hauch mir bis ins tiefste die Brust.“ Oder „Sehe mit fühlendem Aug', fühle mit sehender Hand.“ (Mü 3.2, 47) Aber solche Verse, die synästhetisch die Auflösung der Abgrenzung der eigenen Sinne vollziehen, berühren lediglich das Besondere des glücklichen Augenblicks, nicht das Allgemeine des römischen Lebens, dem Goethe insbesondere in seiner Verdichtung im Carneval distanziert gegenübersteht.

Distanz der Beobachtung bestimmt die Perspektive des gesamten Textes. Dem widerspricht nicht, dass Goethe in den Vorbereitungen auf die letzte Festwoche die Ankündigung von „paradiesischen Stunden“ (Mü 15, 575) erblickt. Man muss diese Wendung nicht ironisch verstehen, doch bleibt sie relativ, bezogen auf ein Ereignis, dessen chaotische Abläufe der steten Überwachung durch Ordnungskräfte bedürfen, damit die Veranstaltung nicht implodiert. Da aber auch dem biblischen Paradies aufgrund seiner in ihm waltenden Gebote die Tendenz innewohnt, dass die Menschen aus ihm vertrieben werden, scheint seine Reduktion auf Stunden gänzlich plausibel. Goethe selbst indessen erfüllt die Rolle eines Zaungastes, der das Gesehene und Gehörte wiedergibt, ohne jedoch selbst in das Geschehen involviert zu sein.

Am Paradiesischen hat er selbst keinen Anteil, umso schärfer vermag er zu sehen und zu registrieren. Selten allerdings beruft sich der Verfasser auf das Authentische eigener Beobachtung: „Wir haben selbst einen solchen Streit in der Nähe gesehn …"(Mü 15, 591) An solchen Stellen wird immerhin die räumliche Nähe des Beobachters zum Geschehen deutlich, wenngleich der Status des Beobachters dadurch eher noch unterstützt wird. Beobachter-Sein ist in der Regel aber nicht eine Frage räumlicher Nähe oder Distanz, sondern der Haltung gegenüber und der Einstellung zum Gesehenen. Bisweilen vermittelt Goethe auch Deutungen des Geschehens, wenn er bestimmte Masken auf Typen der komischen Oper oder der Commedia del' arte rückbezieht. Wenn der Beobachter zugleich die Funktion des Deutens übernimmt, lässt er durchblicken, dass bei der Wahl der Kostüme und Masken nicht die Orientierung auf Besonderes oder Originelles dominiert, sondern der Hang zur Typologie, zum Allgemeinen und zum Überkommenen. Die Festteilnehmer erfüllen eine rituelle Liturgie und wollen sich nicht von ihr abheben. Deswegen hat Goethe eben jenes Rituelle im Blick, nicht aber die Abweichung von ihm, welche, sollte sie stattfinden, als Störung empfunden würde, gegen die die Ordnungskräfte einschreiten. In diesem Sinn gehört auch der Beobachter Goethe selbst zu den Ordnungskräften.

In dem Abschnitt „Aufgehobene Ordnung" indessen erfolgt noch die Abweichung von der Regel den Signalen der Tageszeiten, einer Ordnung also, welche die Lizenz zur Abweichung regelt. Die Kutschen befahren den Corso nach strikten Verkehrsregeln, doch „sobald das Ave Maria geläutet wird, lässt sich schon üblicherweise niemand sein Recht nehmen, umzukehren, wann und wie er will." (Mü 15,600) Gilt dies bereits an normalen Festtagen, so mag doch auch im Carneval, und gerade jetzt, sich „niemand sein Recht nehmen lassen, mit einbrechender Nacht aus der Ordnung zu lenken." (Mü 15,600)

Das Recht zur Abweichung von der Ordnung gehört einer übergeordneten Ordnung an, sie ist ein kollektiv verbürgtes Recht, dessen Inanspruchnahme allerdings nicht willkürlich erfolgt, sondern dem Tageslauf unterliegt und zur Abendstunde geradezu eingeläutet wird. Goethe macht auf das geregelte Recht, die Ordnung zu durchbrechen, aufmerksam, indem er die Wendung, dass sich „niemand sein Recht nehmen" lässt, in geringem Abstand wiederholt, das eine Mal bezogen auf normale Zeiten, das andere Mal auf das Carneval.

„Aufgehobene Ordnung" bedeutet nicht Willkür, nicht Gesetzlosigkeit, sondern für den Beobachter aus Weimar erscheint es wichtig, dass zwei Rechtsordnungen einander gegenüberstehen, die indessen nicht kollidieren, sondern gemäß einer ungeschriebenen Ordnung des Rituals, den Tageszeiten folgend, miteinander sich abwechseln. Im Fest des Carnevals wird eine transgressive Ordnung gefeiert, welche inhaltlich konträre Ordnungen überwölbt und dem Konträren seinen jeweiligen Platz zuweist. Ritual und Polizei ergänzen einander als Regulatoren einer geradezu ontologisch fundierten Grundordnung, und Goethe registriert, zwar nicht mit ausdrücklicher Zustimmung, doch immerhin mittels der Ordnung seines Textes bestätigend, dass die Verkehrsordnung des Tages und deren Durchbrechung am Abend gemeinsam auf jene fundamentale Ordnung der Tageszeiten bezogen sind. Zwar sind am Abend „Gefahr, Unheil und Verdruß" (Mü 15, 601) aufgrund der Durchbrechung der Verkehrsordnung nicht wegzuleugnen. Der mit „Nacht" überschriebene Folgeabschnitt des Textes, der kürzeste insgesamt, konstatiert jedoch die Auflösung der Kollision: „Und doch entwickelt sich diese Verwirrung, zwar später, aber meistens glücklich. Die Nacht ist eingetreten und ein jeder wünscht sich zu einiger Ruhe Glück." (Mü 15, 601)

Spätestens hier wird deutlich, dass Goethe mit der Schilderung des „Römischen Carneval" eine Darstellung des römischen Lebens in konzentrierter Form zu vermitteln sucht und dass das Auge des ethnologischen Beobachters darauf gerichtet ist, in Rom, in Italien Grundmuster, Urphänomene des sozialen Lebens überhaupt zu erkennen, Muster, die zwar variieren und verschiedene Ordnungssysteme hervorbringen, die nicht übereinstimmen, wenn sie auch als Tages- und Abendordnung einander folgen, dass dann aber die „Verwirrung", symbolisch als Verkehrsgewirr präsent, „zwar später, aber meistens glücklich" sich auflöst, bedingt durch die Nacht, die den Tages- und Abendwirren gegenüber einen Zustand aufgelöster Spannungen und glückversprechender Ruhe repräsentiert.

Nacht symbolisiert hier nicht den Tod, da das Leben in der Nacht nicht zum Stillstand kommt, sondern sich etwa ins Theater verlagert, wo das Leben noch einmal – in einer dem Carneval gegenüber nochmals konzentrierten Form – zur Anschauung kommt. Nacht bildet und repräsentiert jedoch ein Intervall, eine Pause, sie dient der Regeneration der Kräfte, die am nächsten Tag aufs Neue im Carneval mit- und gegeneinander streben werden. Tag, Abend und Nacht sind zwar nur mittelbar Faktoren der Lebensordnung, sie repräsentieren diese jedoch in ihrer der Natur und deren Ordnung folgenden Abläufen.

Nimmt man die Informationen und Deutungen des Textes zusammen, so zeigt sich Goethe als Anwalt einer die Systeme übergreifenden, Ordnung und Unordnung in ihrer tageszeitlichen Abfolge umfassenden, quasi natürlichen Grundordnung des sozialen Lebens, die als solche hier nicht bedroht erscheint, wenngleich die Französische Revolution am von Rom aus gesehen fernen Horizont aufblitzt. Goethe war stets ein Gegner der Revolution, ist indessen durchaus imstande, die weltgeschichtliche Umwälzung der Revolution zu reflektieren. Dies wird etwa in der *Campagne in Frankreich* (s.u.) geschehen.

Allerdings erkennt Goethe auch im Römischen Carneval bedrohliche Zeichen eines Destruktionstriebs, welcher die Grundordnung gefährden könnte. Im vorletzten Abschnitt des Carneval-Textes unter der Überschrift „Moccoli" beschreibt Goethe, wie man einander symbolisch das Lebenslicht auszublasen sucht, indem man dazu ruft: „Sia ammazzato chi non porta moccolo! *Ermordet werde, der kein Lichtstümpfchen trägt*!" (Mü 15, 604)

Wider die Ordnung ist hier nicht nur das unmäßige Gedränge, das insbesondere in der Mitte des Corso entsteht, das Geschrei der Menschen, welches „zuletzt selbst den gesundesten Sinn schwindeln" (Mü 15, 606) lässt und schwerwiegende Unglücksfälle verheißt: Wider die Ordnung ist vor allem die Diskrepanz zwischen dem verbalen Mordaufruf, der denjenigen treffen soll, der kein Licht mehr trägt, und der realen Aktion, die diesen Mordaufruf bereits symbolisch vollzieht, indem das Licht ausgeblasen wird. Solche zweigleisigen Mordaktionen betreffen sogar das Verhältnis zwischen Söhnen und Vätern, wobei der Sohn gegen den väterlichen Einwand der „Unanständigkeit" (Mü 15, 605) dieses Tuns sich auf die „Freiheit dieses Abends" (Mü 15, 605) beruft. Hier kollidieren tatsächlich zwei Ordnungen, nämlich die, welche den sei es auch nur symbolischen und verbalen Vatermord verbietet, und andererseits die besondere Freiheit des letzten Carnevals-Abends, der selbst derartige „Unanständigkeit" erlaubt. „Alle Stände und Alter toben gegeneinander" (Mü 15, 605), heißt es beim geradezu erschütterten Beobachter Goethe, der hier die Grundfesten der sozialen Ordnung ins Wanken geraten sieht. Später, im II. Faust-Drama, wird Goethe das zerstörerische Maskenspiel, an dem auch der Kaiser als virtuelles Opfer beteiligt ist, sich in die dramatische Realität verwandeln lassen, die in Feuersbrunst und Chaos endet. Hier indessen heißt es: „und dieses Fest allgemeiner Freiheit und Losgebundenheit, dieses moderne Saturnal, endet mit einer allgemeinen Betäubung." (Mü 15,

606) Wenn man aus dieser erwacht, trennen sich die Stände. Das Volk zieht zum Vorfasten-Essen, die „feinere Welt" in die Schauspielhäuser. Damit ist die überkommene, angestammte und immerwährende Ordnung restituiert, denn das Volk strebt zu den kruden Genüssen, die oberen Stände zu den sublimeren ästhetischen Vergnügungen. Das „moderne Saturnal", ein Chaos, vor dem es dem Beobachter Goethe graut, wird durch „Betäubung" beendet, einen symbolischen Tod aller, und die anschließende Separation der Stände, welche die ihnen jeweils angemessenen symbolischen Orte aussuchen, so dass ihre unmittelbare, handgreiflich-manifeste Carnevals-Kollision endet.

Goethe lässt in hinreichender Deutlichkeit durchblicken, dass er das Römische Carneval nicht mag und er sich darein nicht mischen will noch kann. Wichtiger indessen ist ihm, dass das „moderne Saturnal" endet, wenn die Carnevalszeit vorüber ist. Der Abschluss am Abend des Fastnachtsdienstags erfüllt ihn mit Befriedigung, wenngleich er nahelegen möchte, dass das Carneval lediglich eine symbolisierende Abbreviatur des römischen Lebens darstellt und das römische Leben wieder auf Grundelemente jeder Sozialordnung verweist.

Gleichwohl erkennt er im Carneval ihn beunruhigende Tendenzen der Auflösung, die er textlich zu bannen sucht, indem er sich von ihnen distanziert. Die symbolische Ausdeutung des Festgeschehens hin auf Ordnungen bzw. die Restitution von Ordnung aus dem Chaos heraus stößt auf Grenzen im Detail, beispielsweise im Vatermordversuch des Sohnes, der nicht nur aus väterlicher Perspektive die Grenzen des Anstands überschreitet, sondern auch aus dem Blick des Beobachters, der im Saturnal eine bedrängend reale Verletzung der Ordnungssysteme erkennt, statt auch hier noch eine rituelle Ordnung wahrzunehmen, welche das Chaos überwölbt.

An seiner Oberfläche erscheint das *Römische Carneval* als distanzierter Bericht eines Beobachters, der ein ihm nicht fremdes, aber auch nicht vertrautes Festgeschehen einem Publikum präsentiert, indem er dem zeitlichen Ablauf und den topografischen Gegebenheiten des Carneval folgt. Hinter diesem Bericht und durch ihn hindurch möchte Goethe das Carneval als symbolischen Augenblick vermitteln, in dem sich das römische Leben als ganzes spiegelt. Indem er aber das im Fest verdichtete römische Leben seinerseits als symbolischen Ausdruck eines generellen Systems sozialer Ordnungen zu begreifen sucht, tut sich im Text die Gefahr einer überdeterminierenden Bedeutungszuschreibung auf. Die mehrfach ins Spiel gebrachten Symbolebenen geraten in Konflikt mit Detailbeobachtungen, die sich so recht nicht ihren symbolischen Zuschreibungen fügen wollen., die dadurch ihre Glaubwürdigkeit einzubüßen drohen.

Außerdem geraten spätestens bei der Redaktion des Textes 1789 die Vorzeichen der *Französischen Revolution* ins Spiel, einer Revolution, die weitaus heftiger als die Maskenkollisionen im Carneval die scheinbar auf Ewigkeit gründende Ständeordnung ins Wanken bringt. Goethe weiß, dass es in der Dynamik des Revolutionsverlaufs zwar Phasen der Erschöpfung und Betäubung geben kann, dass die Akteure beim Erwachen sich aber nicht friedlich mehr trennen, indem die einen zum Essen aufbrechen, die anderen ins Theater.

Damit gerät nicht nur der symbolische Augenblick in Gefahr, der für die Grundordnung des sozialen Lebens stehen soll, sondern auch die symbolischen Textordnungen drohen sich aufzulösen. Wie das geschieht, wird im anschließenden Abschnitt über die *Campagne in Frankreich* zu erörtern sein.

Campagne in Frankreich

In der „Zwischenrede“ der *Campagne in Frankreich* unterscheidet Goethe zwischen einer unmittelbaren und einer mittelbaren Darstellungsform. Die eine bezieht sich auf den bedeutenden Augenblick, der die Gegenwart mit der Vergangenheit und der Zukunft zusammenbindet, indem er sie in symbolischer Weise mit-bedeutet. Die andere Darstellungsform ist hingegen dadurch charakterisiert, dass „der Augenblick" „nicht für sich selbst" „spricht". „Andenken an das Vergangene, spätere Betrachtungen müssen ihn dolmetschen." Goethe bekundet: „die Reflexion ist hier an ihrer Stelle" (Mü 14, 461.). Diese Unterscheidung zwischen dem allumfassenden symbolischen Augenblick und dem reflexionsbedürftigen, erklärungsnotwendigen und zu dolmetschenden Augenblick ist nicht nur auf diese Passage der Campagne gemünzt, sondern sie ist fundamental. Der Augenblick, der nicht mehr für sich selber spricht, ist zu historisieren, man muss hinter ihn zurückgehen, um seiner mächtig zu werden, oder man hat neben ihn zu treten, um ihn mittels reflexiver Betrachtungen deutend zu erfassen. Die Differenz der Darstellungsweisen ist demnach nicht nur auf die zeitlichen Dimensionen bezogen, indem Vergangenheit, Gegenwart und Zukunft von einander abgelöst erscheinen, sondern prinzipiell: Die reflexive Darstellung eröffnet erstmals Raum für die Subjektivität eines Darstellers, die ihren Gegenstand von außen umkreist und sich zu ihm in ein Verhältnis setzt. Gegenstand der Darstellung ist nun nicht mehr lediglich das primäre Erfahrungsobjekt, sondern zugleich auch die Subjektivität selbst, die sich als Reflexions- und Deutungsorgan wahrnimmt. In den Begriffen Schillers ließe sich die von Goethe ins Spiel gebrachte Differenz als die einer „naiven" und einer „sentimentalischen" Darstellungsform bezeichnen.

Allerdings zeigt sich, dass die Autoren um 1800 noch immer mit dem Verständnis ihrer eigenen Modernität zu tun haben. Nach der aus dieser Perspektive geradezu klassisch erscheinenden *Querelle des Anciens et des Modernes* aus der Zeit um 1700, die in Europa ein neues Geschichtsbewußtsein gegenüber der zuvor als musterhaft und verbindlich gedeuteten

Antike hervorbrachten, sieht sich nun, um 1820, als er seinen Campagne-Text formulierte, Goethe erneut vor der Notwendigkeit, das Spezifikum seines neuen, die Subjektivität des Verfassers einschließenden Geschichtsbewusstseins zu artikulieren.

Hier, in der *Campagne*, steht der Zusammenhang der Geschichte selbst in Frage.

Wenn der geschichtliche Augenblick in einem Kontinuum steht zwischen Vergangenheit und Zukunft, lässt er sich so begreifen, dass er Vergangenheit *noch* in sich aufbewahrt und Zukunft *bereits* in sich trägt, weil in der geschichtlichen Folge nichts prinzipiell Neues sich zuträgt. Vergangenheit, Gegenwart und Zukunft erscheinen unter diesem Blick als wesensgleich, weswegen der Augenblick symbolisch für das Ganze dieses Kontinuums zu stehen vermag. Der nun in Goethes *Zwischenrede* zutage tretende Bruch zwischen *bisher* und *jetzt* führt mit sich die Erklärungsbedürftigkeit des Augenblicks mittels eines Rekurses auf die dem jetzigen Augenblick gegenüber als verschieden gedeuteten Vergangenheit. Reflexion auf den Augenblick setzt Reflexion auf die Geschichte voraus und vice versa. Das reflektierende Subjekt wird seinerseits notwendig in den Reflexionsprozess hineingerissen, vermag sich nicht mehr als jenseits der wahrgenommenen Brüche zu verorten. Das „Dolmetschen", von dem hier die Rede ist, verweist einerseits auf die Erklärungsbedürftigkeit des Jetzt und andererseits auf die Kompetenz des Dolmetschers, dem die Übertragung obliegt und der diese seine Rolle für sich zu interpretieren hat. Im Prinzip lassen sich also zwei Dimensionen des Dolmetschens festhalten: das Dolmetschen des Jetzt, das im Hinblick auf Vergangenheit und / oder Zukunft interpretiert wird, sowie das Dolmetschen des Dolmetschers, des Subjekts, das seine Rolle und Funktion in eine Relation setzt zu seinem Gegenstand.

Deswegen erläutert Goethe nach der Zwischenrede etwa seinen Besuch bei Professor Plessing in Duisburg, indem er auf die Harzreise von 1777 rekurriert, als er denselben Plessing schon einmal, damals unter Pseudonym, besucht hatte. In Wernigerode las ihm besagter Plessing diejenigen Briefe vor, die er ihm, Goethe, im Jahr zuvor geschickt und auf die er keine Antwort erhalten hatte. Das damalige Missverhältnis zwischen Plessing und ihm selbst sieht Goethe in der Gegenwart unverändert: „Meine gegenwärtige Art zu sein konnte als fast noch entfernter von der seinigen als jemals angesehen werden. Wir schieden jedoch in dem besten Vernehmen, aber auch ihn verließ ich in Furcht und Sorge wegen der drangvollen Zeit." (Mü 14, 489)

Erscheint auch das persönliche Missverhältnis in der Gegenwart (1792) noch gesteigert gegenüber der Zeit vor fünfzehn Jahren (1777) und vermag auch die Nachträglichkeit des Berichts etwa achtundzwanzig Jahre später (1820) daran nichts zu ändern, so wird doch das persönliche Verhältnis („in dem besten Vernehmen") der historischen Zeit („drangvollen Zeit") gegenübergestellt und mit der eigenen Gefühlsregung („in Furcht und Sorge") verbunden.

Die Funktion des Dolmetschers liegt offen zutage, insofern er Vergangenheit und Gegenwart vergleicht, die dargestellte Gegenwart mit eigenen Affekten beseelt und jene persönliche Gegenwart der historischen Zeit konfrontiert. Das persönliche Missverhältnis, formuliert in räumlicher Metaphorik („entfernter") wird relativiert, ja geradezu aufgehoben durch die Trennung („schieden jedoch in dem besten Vernehmen") und die Umstände der „drangvollen Zeit". Abschied, Entfernung produzieren die positiven Affekte im Verein mit der zeitgeschichtlich bedingten Überlast der Verhältnisse über die Ungunst der persönlichen Beziehung.

Nicht alles jedoch findet in dieser Episode eine dolmetschende Erklärung. So bleibt die naheliegende Frage, warum Goethe den für ihn mit fragwürdigen Erinnerungen besetzten Plessing, dessen ihm zugesandten Bücher er nicht gelesen hat, überhaupt besucht und warum er dieses Besuches später in seiner Schrift relativ ausführlich gedenkt, ohne ausdrückliche Antwort. Der Leser ist insofern gehalten, die Indizien des Textes selbst aufzugreifen, sie aufeinander zu beziehen und nach einer Antwort zu suchen. Kulturhistorisch ließe sich etwa argumentieren, dass es zu jener Zeit üblich war, Bekannte aufzusuchen, die man an seinem Wege wusste, auch unter der Bedingung eines problematischen Verhältnisses zu ihnen. Die Beziehung einer Regel auf den besonderen Fall vermag jedoch den Rückgriff auf das Jahr 1777 und die ausführliche Erinnerung an die Harz-Episode nicht hinreichend zu erklären.

Wichtiger erscheint Goethes Rekurs auf die damalige „Achtung der Individuen unter einander" (Mü 14, 477), basierend auf einem „sittlich geselligen Interesse" (Mü 14, 476), das seinerseits in Lavaters Physiognomik seinen Ausdruck gefunden hatte. „Während eines langen und glücklichen Friedens" (Mü 14, 476) hatte sich, so der Grundtenor von Goethes Rückblick auf 1777, eine Kultur der Individuation entwickelt, als deren Kehrseite die stark introvertierte, beinahe autistische, Natur und Gesellschaft meidende Haltung Plessings gedeutet wird.

Nunmehr wird deutlich, dass mit 1777 eine andere epochale Grundsituation aufgerufen wird, die sich von der gegenwärtigen des Koalitionskrieges gegen Frankreich überaus deutlich unterscheidet. Goethe sucht während der französischen *Campagne* zwar an seinen kulturellen Gewohnheiten festzuhalten, indem er beispielsweise Experimente zur Farbenlehre anstellt, doch vermag er auf Dauer den Blick vom Elend des Krieges mit vielen Toten und Verletzten nicht abzuwenden, wenngleich er das eigene Geschick und insbesondere das Schicksal seiner böhmischen Kutsche stets im Mittelpunkt seiner Darstellung zu halten sucht.

Vor diesem Hintergrund ist es nicht der Besuch bei Plessing, der mit dem Rekurs auf 1777 zu begründen versucht würde, sondern umgekehrt ist der Besuch Plessings lediglich der Anlass, um die andere Zeit wachzurufen, in der das Leben der

Individuen und selbst deren pathologische Seiten ein derartig hohes Maß an Aufmerksamkeit verlangen durften. Die Darstellung des Plessing-Besuches dient also der reflexiven Selbstvergewisserung Goethes, der nach den überstandenen Kriegserfahrungen sich selbst in der vergangenen Epoche zu finden hofft, um das jetzige Ich im damaligen zu spiegeln und um die gegenwärtigen Zeitumstände im Lichte der vergangenen in ihrer Besonderheit zu begreifen.

Die gegenwärtigen Verhältnisse finden ihren subjektiven Ausdruck in Episoden wie der stürmischen Wasserfahrt die Mosel hinab, als der Schiffer gestehen musste, „er wisse weder wo er sei noch wohin er steuern solle." (Mü 14, 452) Hier steht tatsächlich der Augenblick für das Kontinuum zwischen Vergangenheit und Zukunft, denn nachdem die Koalitionstruppen bei Valmy zur Umkehr gezwungen worden waren, bewegten sie sich in einem vergleichsweise chaotischen Marsch zurück. Hatte man von der französischen Revolutionsarmee geglaubt, sie werde bei der ersten Feindberührung auseinanderbrechen und die Flucht ergreifen, so erfährt man nun, dass die Koalitionstruppen ohne eine einzige wirkliche Schlacht eben dieses Schicksal erleiden und sich glücklich schätzen dürfen, auf ihrer Flucht von den französischen Verfolgern nicht härter attackiert zu werden.

Die orientierungslose Moselschifffahrt steht als Augenblick für ein Ganzes der Fluchtbewegung, das jedoch ein Kontrastbild erfährt in der Darstellung einer Landidylle, als man in Trarbach in das Haus eines Kaufmanns geladen wird, „wo wir bei hellem Kerzenschein, in wohlgeschmückten Zimmern, Englische schwarze Kunstblätter in Rahm und Glas gar zierlich aufgehangen, mit Freude, ja mit Rührung, gegen die kurz vorher erduldeten finsteren Gefährlichkeiten, begrüßend erblickten." (Mü 14, 452)

Der Gegensatz zwischen der Kunst- und Kulturwelt des Kaufmannshauses und dem Wasserchaos der Moselfahrt wird ausdrücklich hervorgehoben - auch mittels der gedrechselten Konstruktion des Satzes, der sich die dargestellte Kulturszene stilistisch gleichsam zu eigen macht -, so dass beide Seiten sich ineinander spiegeln. Im Gegensatz von Chaos und Kultur sucht Goethe der Retrospektive auf die misslungene militärische Campagne einen Sinn abzugewinnen, insofern die gelebte Kultur - wie an vielen Stellen der Schrift - kompensatorisch gegen militärische Unordnung und Auflösung ins Spiel gebracht wird.

Goethes Sorge gilt stets der durch Kriegsereignisse bedrohten Kultur, welche mit der persönlichen Rettung vor dem lebensbedrohenden Chaos ineinsgesetzt wird. Kultur vermittelt subjektiven Sinn, und das bedrohte Subjekt reagiert darauf wie der empfindsame Zuschauer eines Trauerspiels „mit Freude, ja mit Rührung", er mobilisiert seine Affekte zugunsten der in den Kriegswirren von Erstarrung bedrohten Gefühlswelt.

Auf diese Weise vermag sich das Subjekt, befestigt im kulturellen Gegenentwurf zum Kriegs- Chaos zu retten, indem es subjektiven Sinn schöpft und ausschöpft wie den im Bericht nicht vergessenen „köstlichen Moselwein", doch einen geschichtlichen, gleichsam objektiven Sinn kann es auch auf diese Weise dem Geschehen nicht abgewinnen.

Im Gegenteil: nicht nur die „Zwischenrede", die auf einen dem Epochenbruch geschuldeten Wechsel der Darstellungsform verweist, auch die Darstellung der Ereignisse selbst im ersten Teil der Schrift lässt einen eher plötzlichen Umschwung der geschichtlichen Systeme erkennen, einen Umschwung, dem Goethe jedoch in der geschichtlichen Perspektive einen Sinn nicht zuzusprechen imstande ist.

Goethes von Beginn an negative Haltung der Französischen Revolution gegenüber steigert und verdoppelt sich aufgrund des gescheiterten Versuchs der Revolutionsgegner, die Revolution militärisch zu unterdrücken. Da der Revolution nicht so leicht beizukommen ist wie geglaubt, muss ihre weltgeschichtliche Bedeutung anerkannt werden, ohne dass Goethe die neue Zeit positiv werten könnte. Dabei richtet sich seine Abwehr weniger gegen die Ende 1792 heraufziehende terreur der Jakobinerdiktatur als gegen die Verletzung der Rechte des ancien régimes, des Königs zumal, der zur Zeit der Campagne allerdings noch nicht hingerichtet worden war.[4]

Dass die Koalition als Aggressor den Boden Frankreichs betritt, davon verspürt der Leser nicht den Hauch eines Bewusstseins. Gewiss wird auch des Leidens der Zivilbevölkerung bisweilen gedacht, doch führt dieses Gedenken nicht zur Reflexion des Chronisten über die Legitimität des Vorgehens der Koalitionstruppen.

Gleichwohl ist sich Goethe am 19. September 1792 oder vielmehr zur Zeit der Niederschrift der *Campagne* 1820 der Bedeutung des Augenblicks bewusst, wenn er sich, historisch zutreffend oder nicht, selbst zitiert mit den Worten: „von hier und heute geht eine neue Epoche der Weltgeschichte aus, und ihr könnt' sagen, ihr seid dabei gewesen." (Mü 14,385)

Die Verbindung des Epochenbewusstseins mit dem Hier und Jetzt des bedeutenden Augenblicks und Ortes legt gerade im Pathos der Formulierung nahe, dass Goethe hier mehr beansprucht als die Rolle des Chronisten. Er verlangt im selben Moment nach Brot und Wein wie sie der biblische Märtyrer bei seinem letzten Abendmahl zu sich nahm. Wie für die Angesprochenen fordert Goethe für sich die Bedeutung und Würde des geschichtlichen Zeugen, der den erlebten Augenblick mit seinem Zeugnis aufwertet, indem er ihn prophetisch als Zeichen der Epochenwende sowie der Zukunft deutet. Aus der Perspektive von 1820 vermag er die Rolle eines rückwärtsgewandten Propheten einzunehmen, weil zu dieser Zeit der Niederschrift der Epochenumbruch offen zutage liegt. In seiner

4 Dies geschah erst am 21.1.1793.

Zeichenhaftigkeit ist der Moment von Valmy angewiesen auf die deutende Erklärung, die indessen hier ausbleibt.

Indem Goethe den Anwesenden die Zeugenschaft für den Epochenumbruch rhetorisch zuschreibt, indem er so auch für sich selbst die Fähigkeit beansprucht, die Bedeutung des Augenblicks zu erkennen, wird dennoch die deutende Erklärung ausgespart und es bleibt beim gleichsam erratischen Spruch des Sehers, mit dem er sich selbst rhetorisch in Szene setzt.

Der zweite Teil der *Campagne in Frankreich* sowie die anschließende Schrift *Belagerung von Mainz* verzichten mehr und mehr auf den Versuch, symbolische Augenblicke zu setzen. An ihre Stelle treten, wie bereits angedeutet, geschichtliche Reminiszenzen und die einander spiegelnden Differenzebenen von Chaos und Kultur, also eine durchaus reflexive Darstellungsform, wie sie dem Bewusstsein Goethes von 1820 entspricht. Der Epochenbruch von 1792, in dem auch die Zeit der Weimarer Klassik sich öffnet, die bis zum Tode Schillers 1805 durch die Abkehr von zeitgeschichtlichen Umständen charakterisiert ist, indiziert ebenso einen biografischen wie einen stilgeschichtlichen Umbruch. Als Reaktion auf die Französische Revolution zeichnet sich eine Haltung ab, die dem Chaos der Zeitgeschichte eine in sich beständige kulturelle Sphäre entgegenzusetzen sucht, durch die das politische Chaos – Goethe spricht häufig von „Unordnung" – kompensiert werden soll. Die *Weimarer Klassik* stellt unter diesem Blickwinkel den Versuch dar, auf der kulturellen Ebene – nicht nur der Dichtung, sondern auch des gesellschaftlichen Lebens, des Theaters, der bildenden Kunst, des Sammelns von Natur- und Kunstgegenständen – den Zeiterfahrungen eine Sphäre der Beständigkeit, der Kontinuität, der gestalteten Ordnung entgegenzusetzen, in der die Menschen sich finden und zu bewahren vermögen. Die Zeit zwischen 1792 und 1815, zwischen Valmy und dem Ende der Macht Napoleons, ist eine Epoche des Umbruchs hin zur weltgeschichtlichen Moderne einschließlich früher Formen der

Industrialisierung. Dieser Umbruch wird von Goethe zunächst abgewehrt und verdrängt, erst im Spätwerk (*Wilhelm Meisters Wanderjahre, Faust II)* vergegenständlicht und reflektiert.

Goethes späte Briefe

Mittelbarkeit und vermittelte Unmittelbarkeit

In den letzten zehn Jahren seines Lebens nimmt Goethes Reflexion über das Schreiben, Empfangen, Lesen und Sammeln von Briefen erheblich zu. Das Schreiben von Briefen besitzt keine Selbstverständlichkeit mehr, sondern es wird vergleichsweise erörtert, und zwar in den Briefen selbst. Themen sind etwa das Selberschreiben im Verhältnis zum Diktat, oder aber die Frage, ob denn aus zeitökonomischen Gründen das Schreiben von Briefen überhaupt noch sinnvoll und berechtigt erscheint gegenüber dem Verfassen von Werken, die für den Druck und somit für ein anonymes Publikum bestimmt sind und die mittelbar an die Stelle von Briefen zu treten vermögen. Schließlich geht es aber auch um den umgekehrten Weg, dass nämlich ein Briefwechsel zur Veröffentlichung bestimmt wird, der personale Bezug zum Adressaten also aufgehoben wird im Druckwerk für ein anonymes Publikum, welches den Briefcharakter zur Literatur ummünzt, so geschehen am Ende des Lebens, als Riemer beauftragt wird, den Briefwechsel mit Zelter zu redigieren und zum Druck zu befördern.[1] Zunächst allerdings, im Jahre 1823, dominiert der Wille, das Briefeschreiben zu reduzieren

1 Der Briefwechsel mit Zelter erscheint nach dem Tod der beiden Verfasser in den Jahren 1833/34 in sechs Bänden im Verlag Duncker und Humblot zu Berlin. Goethe bestimmt testamentarisch, dass vom

oder gar zu unterlassen. So schreibt Goethe am 24.7.1823 aus Marienbad an Zelter: „In diesem Sinne muß es mir sehr bedeutend sein wenn ferne Freunde das was von mir in Druck ausgeht als an sie gerichtet ansehn; denn ich sehe die Zeit ganz nahe, wo ich mich direkt schriftlich nicht mehr werde vernehmen lassen.“[2]

Und im selben Brief heißt es: „Vielleicht vernimmst Du brieflich lange nichts von mir; dem ohngeachtet denke mein und wenn Du wieder einmal eine Reise antrittst, so laß von der ersten Stunde an mich gerichtet werden das Tagebuch, was und wie Du gesehen hast.“[3]

Die beiden Briefzitate enthalten Merkwürdigkeiten. Zum einen die Aufforderung, eigene Druckwerke als persönliche Dokumente zu verstehen, das Druckwerk in seiner anonymen Form mittelbar zu personalisieren, weil er, Goethe, „direkt schriftlich“ nichts mehr von sich hören lassen werde, also den Adressatenbezug eines Briefes nicht mehr vollziehen wolle, und andererseits die Ermunterung zu einem Reisetagebuch, die so klingt, als würde ihn das, was Zelter von seinem Berliner Leben zu berichten weiß, nicht sonderlich mehr interessieren.

Diese Ermunterung enthält also implizit die Mahnung, Zelter möge seinerseits auch darauf verzichten, die seit Jahrzehnten üblichen Briefe zu verfassen.

Dagegen steht aber das literarische Projekt der Veröffentlichung des Briefwechsels als eines solchen, das Ende 1830 konkrete Gestalt annahm und in Goethes Testament berücksichtigt wurde. In diesem Projekt ist der Gegensatz zwischen dem Verfassen und Empfangen adressatenbezogener privater Briefe ei-

Verkaufserlös die Hälfte seinen Enkeln, die andere Hälfte Zelters Töchtern zufließen sollte. (Vgl. Goethe, Sämtliche Werke, Münchner Ausgabe Bd. 20.2, 1645).

2 Sämtliche Werke, Münchner Ausgabe Bd. 20.1, 742

3 Wie Anm. 2, 742 f.

nerseits und dem Schreiben und Publizieren für einen anonymen literarischen Markt aufgehoben. Die Wertigkeit des Briefschreibens steht nun in einem gänzlich neuen Licht, eine Erfahrung, die Goethe schon einmal 1828/29 bei der Veröffentlichung des Briefwechsels mit Schiller hatte machen können. Es ist jetzt gerade der private Charakter der Briefe, der – mittels der Redaktion leicht zurückgenommen – den Reiz abgibt für die Publikation auf dem anonymen Markt. Goethe war längst zu einer öffentlichen Person geworden und empfand sich auch als solche, so dass ihm die personal adressierten Briefe geeignet scheinen durften, von einer anonymen Leserschaft rezipiert zu werden. Zelter war im Berliner Konzertleben ebenfalls eine öffentliche Person, so dass der Briefwechsel auf einem annähernd gleichen Niveau der Verfasser gelesen werden konnte, selbst wenn das literarische Niveau der Briefe differierte. Der vergleichsweise brutalen Absage an das Briefeschreiben von 1823 zugunsten der Literatur war damit der Boden entzogen. Außerdem hatte man nun ein gemeinsames thematisches Zentrum: das Publikationsprojekt selbst. Man schrieb sich in den letzten Jahren Briefe unter dem Gesichtspunkt ihrer späteren Publikation, und Riemer arbeitete bereits zu Lebzeiten der Verfasser an diesem Projekt. Man schrieb an der Grenze des Todes über den Tod hinaus, insofern die Publikation erst nach beider Tod erfolgen sollte. Umgekehrt gilt aber auch, dass dem Projekt eine gewisse Grenzenlosigkeit anhaftete, da man den Todeszeitpunkt ja nicht zu kalkulieren imstande war. Dass der Charakter der späten Briefe Goethes und Zelters von diesen Umständen berührt wurde, liegt auf der Hand. Ein Hauch von anonymer Öffentlichkeit lag auch stilistisch auf diesen späten Briefen.

Wenige Wochen vor seinem Tod schreibt Goethe: „Schreibe nach Bequemlichkeit, laß Dir aber jede Gelegenheit bequem sein; ich will es auch so machen. Eine unterbrochene Korrespondenz ist keine. Dafür soll aber auch die Fortsetzung alsobald nachfolgen."[4] Vordergründig geht es um die Kontinuität der privaten Korrespondenz, doch im Hintergrund steht das Stilprinzip eines in sich geschlossenen literarischen Werks, welches der Kohärenz bedarf, damit es als geschlossene Einheit rezipiert werden kann. Entscheidend ist hier der Begriff der „Bequemlichkeit". Indem Zelter aufgefordert wird, nach „Bequemlichkeit" zu verfahren, erhält er gleichzeitig die Direktive, jede Gelegenheit als „bequem" zu deuten, die Anlässe des Schreibens also in eigene Regie zu nehmen. So arbeitet ein Autor, nicht aber ein Korrespondent, der zur Feder greift, wenn er etwas mitzuteilen hat. Goethes Vorstellung von Korrespondenz folgt deren eigenem Gesetz, nicht dem Zufall von zu kommunizierenden Ereignissen. Das Gesetz der Korrespondenz hat sich den Anlässen zum Schreiben, aber auch den Personen der Schreibenden gegenüber verselbständigt. Geschrieben soll werden, weil die Korrespondenz und ihre Regeln von Kontinuität und Kohärenz es verlangen. Damit ist der private und persönliche Brief längst der Privatheit und ihrer Sphäre von subjektiver Motivation und ereignishafter Zufälligkeit entzogen. Er steht unter der Forderung von ästhetischen Gesetzen, denen zugleich etwas Verpflichtendes anhaftet, welches über die ästhetische Dimension hinausreicht. Ästhetik und ethische Grundsätze korrespondieren nicht nur, sondern fallen im Prinzip zusammen. So hielt es der alte Goethe auch mit der Vollendung des zweiten *Faust*.

Goethe war erfinderisch in der Begründung des Nicht-Erwiderns erhaltener Briefe. So schreibt er 1827 an Cotta, er habe, wenn sich „einige Differenz" zwischen Verbundenen gezeigt habe, „lieber geschwiegen als erwidert", da „aus gewechselten Äußerungen neue Differenzen" entstünden „und die

4 Brief an Zelter vom 4. Februar 1832. Sämtliche Werke, Münchner Ausgabe Bd. 20.2, 1609

Mißverständnisse verwickeln sich anstatt sich aufzuklären."[5] Solche Skepsis dem geschriebenen Wort gegenüber geht einher mit der Auffassung, dass „Handlungen" die „einzige Sprache" seien, „die zwischen Freunden giltig ist, um das wahre Verhältnis auszudrücken."[6] Dass das Schweigen ebenfalls Missverständnisse befördern könne und dass das geschriebene oder gesprochene Wort den Charakter einer Handlung besitzen kann, lässt Goethe hier außeracht, weil es ihm um die Begründung von brieflichem Schweigen zu tun ist. Sprachskepsis gehört ja generell nicht zu den Haltungen, die für Goethe charakteristisch waren.

Eine andere Dimension der Reflexion des Verfassens von Briefen ist das Diktat. Nicht unmittelbar der Adressat des Briefes wird angesprochen, sondern der Schreiber, der das ihm Aufgetragene zu Papier bringt. Gleichwohl rückt der Adressat auf diese Weise dem Schreiber nahe: „jetzt entschließe ich mich zu diktieren, es ist als wenn ich mit Ihnen spräche und die Erinnerung Ihrer Persönlichkeit, Ihrer Gestalt, Ihres freundlichen Wesens gibt mir keine Zerstreuung, weil Sie es ja sind, zu der ich mich wende, indem ich dies ausspreche."[7] Eigentümlich ist hier die Vorstellung, dass der Schreiber, dem diktiert wird, die Rolle des Adressaten substituiert. Die Adressatin erscheint dem diktierenden Verfasser in einer derartigen Unmittelbarkeit, als spräche er mit ihr. Gleichwohl ist diese Unmittelbarkeit durch eine komplexe Erinnerung geprägt, die sowohl physische wie charakterliche Elemente enthält und insgesamt die Identität der erinnerten Frau umreißt. Der Schreiber, der nicht selbst schreibt, ist von der manuellen Tätigkeit

5 Brief an Cotta vom 24. Oktober 1827, Goethes Briefe, Hamburger Ausgabe (HA) Bd. 4, 512

6 ebd.

7 Brief an Gräfin Josephine O'Donell vom 24. November 1812, Goethes Briefe, Hamburger Ausgabe (HA) Bd. 4, 501

des Schreibens entlastet, die mannigfaltige Möglichkeiten des Abirrens enthält, etwa so, dass der Gedanke schneller ist als die Feder oder dass Probleme der Orthographie den Schreibfluss hemmen. Dies alles spielt beim Diktat keine Rolle, so dass die Person der Adressatin ungehindert über die Erinnerung in die Gegenwart vermittelt werden kann und nun in ihrer komplexen Identität vor ihm steht. Der physische Schreiber hindert diesen Prozess der Vergegenwärtigung nicht, so dass sich die Aufmerksamkeit voll auf die erinnerte Person der Adressatin richten kann.

Zwei Ebenen der Vermittlung rufen die Gegenwärtigkeit der Adressatin hervor: zum einen die Tätigkeit eines Dritten als des physischen Schreibers, und zum anderen die frei-entlastete Erinnerung, welche die Unmittelbarkeit der Präsenz der Adressatin hervorruft. Hier also findet sich die Gedankenform einer vermittelten Unmittelbarkeit als Modell des Briefschreibens per Diktat.

Im Fortgang des Briefes an die Gräfin Josephine O'Donell nennt Goethe das zuvor Geschriebene ein „klägliche[s] Bekenntnis" sowie eine „unschuldige Entschuldigung", doch nimmt er nichts zurück von dem vorgestellten Vorteil des Schreibens mittels Diktats, eines Vorteils, der auch darin besteht, dass er die Adressatin nicht unmittelbar in der möglicherweise verwirrenden Nähe ihrer physischen Erscheinung anspricht, sondern eben nur als gedachte, erinnerte Person, die ihm gleichsam nur als Idee vor Augen schwebt, ohne dass dies ihrer Präsenz Abbruch täte.

Warum also dann ein „klägliches Bekenntnis"? Goethe rekurriert hier auf die Erwartungshaltung der Adressatin, für die der eigenhändig geschriebene Brief ein Ausweis von Authentizität darstellen mag. Das Schriftzeichen des Verfassers verbürgt dessen Authentizität, während das Diktat eine Ebene der Fremdheit indiziert. Da der Brief als solcher bereits Räume und Zeiten zu überbrücken hat, vermittelt das eigene Schriftzeichen eine Gegenwärtigkeit des Verfassers, wenn diese auch lediglich im Zeichen zu verifizieren ist.

Gleichwohl wohnt der Handschrift im Gegensatz zum gedruckten Schriftzeichen oder zur fremden Hand ein Moment von Körperlichkeit inne, das als Ausweis jener Authentizität gelten kann. Der handgeschriebene Brief behält insofern einen Mehrwert von Eigenheit, der durch die fremde Feder oder den Druck nicht kompensiert werden kann. Zwar mag sich der Briefschreiber im Diktat freier in der ideellen Vergegenwärtigung der Adressatin fühlen, so bleibt aus deren Perspektive doch eine nicht zu überwindende Abstraktheit, was Goethe selbst eingestehen muss.

Das Schreiben per Diktat steht in der Mitte zwischen dem handgeschriebenen Brief und dem an eine Öffentlichkeit gerichteten Druckwerk. Diesem ist die Anonymität der Adressaten bereits eingeschrieben, denen es obliegt, den fremden Text emotional oder intellektuell bzw. in doppelter Weise sich zuzueignen.

„Zueignung" ist ein Schlüsselwort Goethes[8]. Es existiert in zwei Versionen, nämlich zum einen: Jemandem oder einem Publikum etwas zueignen, was aus der Hand oder dem Besitz des Eigners stammt, oder aber sich etwas Fernes bzw. Fremdes zueignen, es sich aneignen, es zu dem Seinen machen oder sich erneut zueignen, was verloren schien. Ein Briefadressat muss sich den Brieftext nicht erst zueignen, weil er ja als Empfänger gemeint ist. Hingegen ist das an ein Publikum gerichtete Druckwerk von der Art, dass es eines Menschen bedarf, der es sich zu eigen macht, bei sich selber fruchtbar werden lässt. Sich-Zueignen geschieht hier nicht etwa im Modus eines Diebesgutes, welches sich einer zu Unrecht aneignet – die Autorschaft des Verfassers bleibt ja gänzlich unberührt -, sondern derart,

8 Das Gedicht „Zueignung" steht dem 1. Faust voran.

dass sich ein anonymes Publikum zum persönlichen Empfänger umbildet, der den Gegenstand in den Schatz seiner Erfahrung aufnimmt.

Was aber hat es mit dem Erfahrungsschatz von Briefen auf sich, von fremden wie von eigenen, die dem Vergessen anheimzufallen drohen? Goethe, der 1797 alle ihm zugesandten Briefe verbrannte[9], während er „eigenhändige Briefe der Schriftzüge wegen gesammelt“[10] hatte, sammelte später sowohl fremde Briefe wie eigene Entwürfe, ließ sie durch Eckermann katalogisieren und auf diese Weise verfügbar machen. Er versetzte sich somit in die Lage, sie sich erneut zueignen zu können, das heißt aus der Vergangenheit in die gelebte Gegenwart zurückzuholen.

Im Marienbader Brief an Zelter vom Juli 1823[11] findet sich der eigentümliche, auf die Marienbader Wohnverhältnisse bezogene Satz: „Ältere Verhältnisse verknüpfen sich mit neuen und ein vergangenes Leben läßt an ein gegenwärtiges glauben.“[12] Merkwürdig, dass es des vergangenen Lebens bedarf, um an ein gegenwärtiges „glauben“ zu können! Erinnerung ist Bedingung des Gegenwärtigen, zumindest in der Weise, dass die Gegenwart als substantiell zu erfahren ist. Aber es gilt auch umgekehrt, dass Goethe, beschäftigt mit seiner Autobiographie, „rückwärts arbeitend“ bemerkt, „wie das Bekannte Gegenwärtige, das Verschwundene, das Verschollene wieder zurückruft.“[13] Dies gilt für die Arbeit an der Autobiographie, gleichfalls jedoch für die Beschäftigung mit den Briefen, den

9 „Leider verbrannte ich 1797 eine zwanzigjährige geheftete Sammlung aller eingegangenen Briefe, die ich mir bei meiner biographischen Arbeit sehnlichst zurückwünschte;“ (An Rochlitz, 4. April 1819.) Wie Anm. 5, 504.

10 ebd., 505

11 Vgl. Anm. 4

12 ebd., 741

13 ebd., 742

eigenen wie den an ihn gerichteten, dass nämlich ein dialektisches Verhältnis besteht zwischen jetzt und einst. Erinnerung des Vergangenen forciert das gegenwärtige Lebensgefühl, und umgekehrt ist es das Gegenwärtige, welches die Erinnerung an das Vergangene mobilisiert und es auf diesem Wege aktualisiert. Es ist also nicht richtig anzunehmen, der ältere und alte Goethe habe wesentlich nur in der Vergangenheit bzw. in der Geschichte überhaupt gelebt. Vielmehr haben beide Zeitebenen ihre Wirkung ausgeübt auf die jeweils andere. So gehört es wesentlich zum Subjektcharakter Goethes, dass er seine Geschichte stets mit sich trug und dass er die Gegenwart als gewordene erfuhr, angereichert mit Momenten erinnerter Vergangenheit. Gegenwart und Geschichte vermittelten sich ihm zu einer verschränkten Einheit.

In den letzten Wochen seines Lebens allerdings nimmt der Vergangenheitsbezug in Goethes Bewusstsein stark zu. So schreibt er in seinem letzten Brief an Zelter vom 11. März 1832:

> *„Sieh mich dagegen an, der ich hauptsächlich in der Vergangenheit, weniger in der Zukunft, und für den Augenblick in der Ferne lebe, und denke dabei: daß ich nach meiner Weise ganz wohl zufrieden bin.“*[14]

Ausgespart bleibt das Hier und Jetzt gegenwärtiger Präsenz. Dies zu konstatieren bedeutet indessen nicht, dass Vergangenheit, Zukunft und räumliche Ferne einem gegenwärtigen Erleben widersprächen. Es geht lediglich um den Stoff, die Substanz des Lebens und Erlebens, die der alte Goethe nicht mehr aus der Gegenwart und ihrer Lokalität zieht, sondern aus der Ferne gelebter Vergangenheit oder der Imagination einer Zukunft in fernen Zeiten und Räumen. Wenn Leben stets Gegenwärtigkeit bedeutet, so zieht der Schreiber des Briefes Fernes

14 wie Anm. 4, 1625

zu sich heran, eignet es sich zu, um auf seine Weise „ganz wohl zufrieden" zu sein.

Auch der Adressat des Briefes im fernen Berlin vermag ihm auf solche Weise nahe zu rücken, indem er ihn und seinen musikalischen Bezug auf Augenblick und Ewigkeit, Beständigkeit im Vorübergehenden sich als das Andere seiner selbst vergegenwärtigt und dabei zugleich an Hegels Philosophie denkt: „Da nun eine Folge von konsequenten Augenblicken immer eine Art von Ewigkeit selbst ist, so war Dir gegeben, im Vorübergehenden stets beständig zu sein, und also, mir sowohl, als Hegels Geist, insofern ich ihn verstehe, völlig genug zu tun."[15] Der verschnörkelte Satz enthält nicht nur die Summe der Künste von Musik und Literatur, er vollzieht auch die strukturelle Gleichheit der Künste mit der zeitgenössischen Philosophie, ohne dass die Eigengesetzlichkeit der jeweiligen Kunst- und Denkformen auch nur von ferne bestritten würde. Es geht dabei nicht nur um die konsequente Folge von Augenblicken, die den Begriff ‚Ewigkeit' denken lässt, sondern bereits um die Konsequenz jener Augenblicke selbst, die so geartet sind, dass ihnen nichts Zufälliges anhaftet. Darin besteht die Konsequenz im Vorübergehenden, weil der Ton bzw. der philosophische Gedanke oder das dichterische Wort kraft ihrer eigenen Substanz über sich hinausdrängen und die Konsequenz der Folge selbst produzieren. So mochte Goethe auch die Augenblicklichkeit von Briefen deuten, insofern ihr Wechsel kraft ihrer jeweiligen Substanz die Ewigkeit des freundschaftlichen Briefwechsels indiziert, eine Ewigkeit, die nur durch die Unbestimmtheit und Unbestimmbarkeit des Lebensendes unterbrochen wird.

Was Goethe interessiert, ist die Idee des ewigen Augenblicks, eines Moments, der auf Dauer verweist. Allerdings

---

15 ebd.

wohnt der Forderung nach Verweilen des Augenblicks die Gefahr inne, dass er den, der auf ihn fixiert ist, gewaltsam festhält. Bereits der Faust des ersten Teils von 1808 ist sich dieser Gefahr bewusst: „Werd ich zum Augenblicke sagen: / Verweile doch! Du bist so schön! / Dann magst du mich in Fesseln schlagen, / Dann will ich gern zugrunde gehen!“[16] Der auf Dauer verweisende Moment ist zweifellos etwas anderes als der zur Dauer gedehnte Augenblick, den Faust als vernichtenden apostrophiert.

Beim Briefeschreiben und -empfangen geht es um den gelebten Augenblick, in dem Gegenwart, Vergangenheit und Zukunft verschmelzen und deshalb Dauer und Ubiquität signalisieren. Der nahe Tod scheint Goethe, sofern er ihn denn ahnt, nicht zu schrecken, weil er auch im individuellen Leben eine tätige Natur walten sieht, welche die Brüche, Abgründe und Katastrophen überspielt.

Wenn Goethe in seinem letzten überlieferten Brief an Wilhelm von Humboldt[17] über den abgeschlossenen zweiten Faust spricht, so hebt er zunächst den Gegensatz hervor zwischen dem, was durch „Vorsatz und Charakter“ zu leisten war, und dem, „was eigentlich der freiwilligen tätigen Natur allein zukommen sollte.“ Diesen Gegensatz zwischen absichtlichem, geplantem Handeln und intentionsloser Naturaktivität sieht Goethe jedoch aufgrund seines „lange tätig nachdenkenden Lebens“ als überbrückbar an und fürchtet deswegen auch nicht, „man werde das Ältere vom Neueren, das Spätere vom Früheren unterscheiden können, welches wir denn den künftigen Lesern zu geneigter Einsicht übergeben wollen.“

Der Entstehungsprozess, so hofft Goethe, werde in einer idealen Gleichzeitigkeit des vollendeten Textes seine Spuren auflösen, und dafür wird sein aktiv-kontemplatives Leben als

16 Faust I, V. 1699–1702
17 Vom 17. März 1832, Goethes Briefe, HA IV, 480f.

Garant in Anspruch genommen. Das Leben selbst in seiner Eigenart überbietet den angesprochenen Gegensatz von „Vorsatz" und „Natur" und hebt das Resultat auf eine höhere Stufe, auf der die möglichen Brüche getilgt sind. Worin aber besteht jene ideale Gleichzeitigkeit des abgeschlossenen, vollendeten Textes, der zudem im Verborgenen verschnürt verwahrt wird? Es handelt sich um die vermittelte Unmittelbarkeit der Textoberfläche, in deren Untergrund die Philologie vielleicht noch Spuren der Ungleichzeitigkeit wird entdecken können, die aber in der „geneigten Einsicht" künftiger Leser nicht mehr wahrzunehmen sind, weil Tätigkeit und Kontemplation gemeinsam jene neue Gleichzeitigkeit einer durchaus nicht organischen, vielmehr reflektierten Texteinheit produziert haben.

Dasselbe gilt für den Stil jenes letzten Briefes. Indem jede persönlich-private Ansprache des Adressaten vermieden wird, indem in distanziertester Sachbezogenheit über den Faust-Text, seine Eigenheit in der langen Geschichte seines Entstehens und seine mögliche künftige Rezeption verhandelt wird, wird der Adressat Humboldt gleichwohl in den inneren Kern von Goethes Kunst- und Lebensphilosophie hineingezogen und vermag sich in diesem zu orientieren. Nähe wird durch Distanz erzeugt. Sachlichkeit schlägt um in persönliche Würdigung der Teilhabe.

Dass der seinem Wesen nach persönlich adressierte Brief unpersönlich formuliert ist, um erst in einem zweiten Schritt seinen persönlichen Charakter zu enthüllen, gehört zu den Eigenheiten des alten Goethe, der nicht einmal den Beginn des Briefes eines persönlichen Ichs würdigt: „Nach einer langen unwillkürlichen Pause beginne folgendermaßen und doch nur aus dem Stegreife"[18]

18 HA IV, 480

Als Briefeinleitung ist dieser Satz in hohem Maße eigentümlich. Das fehlende „Ich“ mag als Ausdruck von Bescheidenheit gelten, wesentlicher jedoch als Hinweis auf den Vorrang des Sachgehalts gegenüber der persönlichen Begrüßungsgeste, auf die der Verfasser verzichtet.[19]Immerhin lässt Goethe den Adressaten wissen, dass er lange und nicht aus eigenem Antrieb geschwiegen hat. Es muss Gründe geben, die er allerdings nicht zu nennen bereit ist. Es folgt der einleitende Hinweis auf das Folgende sowie die spontane Formulierungsweise, in der er die lange Pause zu überbrücken gedenkt. Bekundung des raschen Entschlusses ersetzt die persönliche Zuwendung. Ökonomie des schriftlichen Ausdruckes dient der betonten Sachlichkeit der folgenden Ausführungen.

In geradezu überraschender Modernität geht es im Folgenden um das Verhältnis von Bewusstem und Unbewussten bei der Ausbildung eines Genies. Bezüglich eines musikalischen Talents heißt es: „Bewußtsein und Bewußtlosigkeit werden sich verhalten wie Zettel und Einschlag, ein Gleichnis, das ich gerne brauche.“[20] Dieses Gleichnis stammt aus der Sprache des Webens und bedeutet die verbindende Gegenläufigkeit der Fadenstränge, durch die das Webstück gewirkt wird. Dass beides in der engsten Verknüpfung zusammenfindet, macht die Essenz dieses Gleichnisses aus: eine strikt dialektische Aufhebung des Widerspruchs in einer vollendeten Einheit.

Als Conclusio dieses Gleichnisses hält Goethe in einer paradox anmutenden Widersprüchlichkeit fest, dass die „Organe“ des Künstlers „ohne Bewusstsein in einer freien Tätigkeit“ „das Erworbene mit dem Angebornen“ „verknüpfen“, „so daß es

19 Zu berücksichtigen gilt es allerdings, dass die redaktionelle Bearbeitung der Briefe sämtliche Begrüßungsformeln eskamotiert hat. Gleichwohl fällt hier die Besonderheit auf, dass keine Spur eines persönlichen Bezugs mehr vorhanden ist.

20 HA IV, 480

eine Einheit hervorbringt, welche die Welt in Erstaunen setzt."[21]

Allerdings sind jene „Organe" nicht naturwüchsig-spontan in ihrer Handlungsweise, sondern angeleitet „durch Übung, Lehre, Nachdenken, Gelingen, Mißlingen, Fördernis und Widerstand."[22] Das reflexive Moment vermittelt sich mit dem Naturwüchsigen zu einer Sättigung mit Erfahrung, so dass jene Organe mehr und anderes sind als bloße Natur. Es entsteht vielmehr – wie beim Gleichnis aus der Sprache des Webens – eine eigentümliche Verknüpfung aus Angeborenem und Erworbenen, Bewusstlosigkeit und Bewusstsein, Spontaneität und Reflexivität, mit einem Wort: eine Art vermittelter Unmittelbarkeit. Bei aller Reflexivität und Bildung nämlich handeln die Organe gleichwohl frei. Der Künstler folgt keinem äußeren Regelzwang, sondern seiner erfahrungsgesättigten eigenen Natur.

Dass diese Überlegung letztlich beim zweiten *Faust* ankommt, muss nicht überraschen, denn die „Stegreif"-Überlegung des Brief-Beginns zielt doch letztlich auf jenes Werk, das ihn bis zum Lebensende beschäftigte. Wurde in der Kunsttheorie der klassischen Zeit noch unterschieden zwischen der tätigen Natur und der Produktivität des Künstlers, der eine zweite Natur hervorbringt, „eine gefühlte, eine gedachte, eine menschlich vollendete"[23], so gilt das, was damals dem Kunstwerk als Vermittelungsform des Gegenstands mit der Subjektivität des Künstlers zugeschrieben wurde, nun bereits für die „Organe" als Produktivkraft des Künstlers, die ihrerseits bereits eine Vermittlung von Natur und ihrer Erfahrungsgeschichte aufweisen.

21 ebd.

22 ebd.

23 „Diderots Versuch über die Malerei". Goethe, Sämtliche Werke, Münchner Ausgabe Bd. 7, S. 527.

Dieselben Reflexionen, die in spontan-verborgener Weise auf das „Hauptgeschäft" des zweiten *Faust* hinleiten, gelten auch für den Briefstil des alten Goethe. Er behauptet das Stegreif-Schreiben und handelt doch gleichzeitig in stringenter Weise über die Theorie künstlerischer Produktivität und über sein herausragendes Lebenswerk, den *Faust*.

Spontaneität und bewusste Schreib-Strategie durchdringen sich zu einer Art Reflexivität, die aus dem Moment geboren zu sein scheint, jedoch die gesamte Erfahrungsgeschichte des Dichters und Theoretikers Goethe zur Grundlage hat. Unmittelbarkeit als Stilphänomen verdankt sich nicht einer wie auch immer gearteten Unbekümmertheit, sondern darf als Resultat verstanden werden jenes lebenslangen Reflexionsprozesses, der am Ende so erscheint, als schriebe nicht der bewusste Verstand, sondern als wären jene Organe am Werk, von denen zuvor die Rede gewesen war.

Goethe webt seinen Brief aus Zettel und Einschlag. Sein Schreiben ist einerseits bestimmt durch eine große Skepsis dem Genre Brief gegenüber, andererseits jedoch herrscht in ihm die Stilsicherheit und ästhetische Vollendung wie in seinen großen Werken. Voraussetzung ist dafür indessen die Existenz eines Adressaten wie Wilhelm von Humboldt, von dem er annehmen kann, dass er von den abgehandelten Sachen ebenso berührt ist wie er selbst. Die Skepsis dem Briefeschreiben gegenüber bezieht sich vor allem auf die zeitliche Dimension. Da er sich dem Genre Brief gegenüber verpflichtet fühlt, kann er sich nicht mit Alltäglichem begnügen. Schreibt er, so muss er schreiben, als wolle er den Adressaten ganz für sich und seine Gegenstände einnehmen. Die Frequenz des Schreibens mag im Alter abnehmen, doch besitzen die späten Briefe nicht den Hauch von Greisenhaftigkeit. Sie sprühen von einem Leben, das sich seiner Endlichkeit in extremer Weise bewusst ist. Die Sorge, die Faust erblinden lässt, schreibt sich sein Autor Goethe von der Seele. Wenngleich er sich niemals in sich selbst zurückzieht und sein soziales Leben fortführt, konzentriert sich sein Gesichtskreis gleichwohl auf das ihm Wesentliche, insbesondere auf das Dichten und die Dichtung. Seine Adressaten wählt er danach aus, wieweit sie seinen Interessen zu folgen vermögen. Wiewohl der Ton immer höflich und zugewandt klingt, spielen soziale Pflichten dennoch eine eher untergeordnete Rolle. Dominant ist das eigene Mitteilungsbedürfnis. In der Mitteilung an den Adressaten spiegelt sich das eigene Ich mit seiner Geschichte, ohne dass man Goethe deswegen als Egozentriker betrachten dürfte. Er weiß, dass sich in ihm eine Epoche konzentriert, die bei Friedrich Schlegel und Heinrich Heine die „Kunstperiode" genannt wird. Er selbst nennt sie die „Rosenzeit" und sich selbst einen „Spätling"[24] in ihr. Mit seinem Tod beginnt eine andere Zeit, die weder nach der Kunst noch nach der Natur und schon gar nicht nach einem Autornamen genannt werden kann.

24 „Nun weiß man erst, was Rosenknospe sei, / Jetzt, da die Rosenzeit vorbei: / Ein Spätling noch am Stocke glänzt / Und ganz allein die Blumenwelt ergänzt." (Chinesisch-Deutsche Jahres- und Tageszeiten, Nr. 9 (1829). Goethe, Sämtliche Werke, Münchner Ausgabe Bd. 18. 1, 18.

Zu Goethes lyrischem Spätstil

In einem für Jahre und Jahrzehnte gültigen, immer wieder zitierten und im Grundsatz bestätigten Aufsatz, der 1949 erstmals gedruckt wurde, hat Erich Trunz sich mit Goethes später Lyrik auseinandergesetzt.[1]

Trunz unterscheidet in diesem Aufsatz die Gelegenheitsgedichte, die Sprüche und die „weltanschaulichen Gedichte" einerseits und das was er „die reine Lyrik"[2] nennt, andererseits. Das Charakteristikum jener „reinen Lyrik" erkennt Trunz darin, dass Goethe hier stets „In Bildern und Symbolen" spricht, „die reine Lyrik aber bleibt in der Anschauung".[3] Und emphatisch fällt Trunz das Urteil: „Die Lyrik [gemeint ist die ‚reine' der symbolischen Anschauung] aber bleibt das eigentliche Wunder".[4]

Man mag diesem Urteil zustimmen oder nicht, es soll hier nicht hinterfragt werden. Gefragt allerdings muss werden nach der Berechtigung für die Charakterisierung dieser Lyrik als einer anschaulich-symbolischen. Gemeint ist ja damit, dass Anschauung und Begriff, Bild und Bedeutung unmittelbar im Spätwerk zusammenfallen, dass da kein Abstand herrscht zwischen den Sphären, dass vielmehr das bildhaft Angeschaute seine Bedeutung nicht lediglich generiert oder auf sie verweist, sondern diese ganz und gar in sich trägt.

1 Erich Trunz. Goethes späte Lyrik (1949), in: E.T., Ein Tag aus Goethes Leben, München 1990, S. 147–166

2 Trunz, wie Anm. 1, S. 166

3 Trunz, wie Anm. 1, S. 166

4 Trunz, wie Anm. 1, S. 147

Für den späten Goethe überhaupt ist diese These von der Symbolik der Altersdichtung bereits grundsätzlich In Frage gestellt worden. So sieht bereits um 1980 Heinz Schlaffer den II. Teil des „Faust" als Allegorie des 19. Jahrhunderts[5], was wiederum die Kritik Albrecht Schönes[6] provoziert hat.

An dieser Stelle soll im Blick auf Goethes späte Lyrik keine allgemeine Begriffsdiskussion geführt werden, vielmehr soll der Frage nachgegangen werden, ob denn die Grundlage der Symbolik noch gegeben ist, die bildhafte Anschauung.

Bekanntlich hat Goethe Faust vor seinem Ende erblinden lassen, und in dieser seiner Blindheit bemerkt Faust nicht, dass statt der Trockenlegung der Sümpfe um ihn her sein eigenes Grab ausgehoben wird. Als Blinder erscheint Faust als Illusionist, insofern er auf das vertraut, was er wahrzunehmen meint, im Grunde auf seinen inneren Sinn der Einbildungskraft. Nun war Goethe nicht blind und Faust nicht sein Abbild, doch finden sich vielfach Texte, insbesondere auch in der Lyrik, in denen er die abnehmende Wahrnehmungsfähigkeit gerade auch des Augensinns reflektiert. Im Buch „Suleika" des „West-östlichen Divan" hatte es noch geheißen:

O dass der Sinnen doch so viele sind!
Verwirrung bringen sie ins Glück herein.
Wenn ich dich sehe wünsch ich taub zu seyn,
Wenn ich dich höre blind.[7]

Hier also bemerkt – und beklagt – das Ich noch die Konkurrenz der Sinne, die einander und das Glück der ungeteilten

5 Heinz Schlaffer. Faust. Zweiter Teil. Die Allegorie des 19. Jahrhunderts. Stuttgart 1981

6 Albrecht Schöne. Goethe Faust, Bd. 2, Kommentare, Frankfurt am Main 1991. Schöne wirft Schlaffer einen „weitgehenden Verzicht auf begriffliche Trennschärfe" vor, ebd., S. 56

7 Johann Wolfgang Goethe, Sämtliche Werke, Münchener Ausgabe [im Folgenden abgekürzt Mü], Bd. 11.1.1, 204

Wahrnehmung verwirren. Der Wunsch zielt auf Konzentration der Wahrnehmung auf einen Sinn, um jene Verwirrung auszuschließen. Gewiss hat man diesen Wunsch nicht wörtlich zu nehmen, geht es doch darum, die Faszination zu feiern, die vom Gegenstand der Wahrnehmung ausgeht und die so stark ist, dass ihr nur die Konzentration auf den jeweils einen Sinn entsprechen kann.

Als Gegenmodell zu den Suleika-Versen kann im Spätwerk das zweistrophige Gedicht „An Ulrike von Levetzow" gelten:

Du Gingst Vorüber? Wie! Ich sah dich nicht;
Du kamst zurück, dich hab' ich nicht gesehen –
Verlorner, unglückselger Augenblick!
Bin ich denn blind? Wie soll mir das geschehen?

Doch tröst' ich mich, und du verzeihst mir gern,
Entschuldigung wirst du mit Freude finden;
Ich sehe dich, bist du auch noch so fern!
Und in der Nähe kannst du mir verschwinden.[8]

Das Verhältnis von Nähe und Ferne hat sich umgekehrt: die Nähe mag zum Verschwinden der Geliebten führen, während ihre Ferne die Wahrnehmung ihrer Person geradezu hervorruft. Aber das Gedicht operiert mit dem Kontrast zwischen den Strophen: Zunächst die Aufgeregtheit der ersten Strophe, das Nicht-Fassen-Können der Tatsache, dass die Geliebte zweimal vergeblich das Gesichtsfeld des Ich berührt hat. Dann erfolgt in der zweiten Strophe die Wendung von der Aufgeregtheit und Selbstbezichtigung zur tröstenden Reflexion, dass die Imaginationskraft stärker ist als das physikalische Sehen, ja dass das andere Sehen durch die Ferne nicht eingeschränkt wird, eher begünstigt. Wenn nun das imaginative Vermögen ebenfalls als ein „Sehen" bezeichnet wird, so operiert der Autor hier sehr bewusst mit der Differenz zwischen physikalischem und inne-

8 Mü 13,1,92

rem Gesicht, und er wertet letzteres noch dadurch auf, dass er es mit „verschwinden“ kontrastiert, wodurch das Bleibende der Vorstellungskraft betont wird gegenüber der Vergänglichkeit des physikalischen Sehens. Auf diese Weise transzendieren die beiden Schlussverse den Vorgang des Übersehens, der doch den Anlass für das Gedicht abgegeben hatte. Am Ende nämlich geht es nicht mehr nur um das einmalige Ereignis, sondern um die Beziehung zwischen Ich und Du im Grundsätzlichen, um die beschworene distanzüberbrückende und andauernde, gegen den realen Verlust gesicherte imaginative Kraft der Einbildung, welche die Ferne zur Nähe werden zu lassen vermag, insofern sie die Fesselung durch die Wahrnehmungsapparatur überwunden, ja gesprengt zu haben behauptet. Dies gilt poetisch, wenngleich dem Rekurs auf den inneren Sinn als Selbsttröstung über das altersbedingte Abnehmen, über die Regression der Sinne ein starkes Moment von Resignation innewohnt. Die erste Strophe wird durch die zweite ja keineswegs ausgelöscht.

Als Goethe die Verse, gerichtet an seine letzte Liebe, 1823 schrieb, mit 74 Jahren also, war er in einem nicht geringen Maße von einem Alters- und Vergänglichkeitsbewusstsein ergriffen. Das andere Sehen der Ulrike von Levetzow hing damit zusammen, dass er zwar die reale sinnliche Erscheinung liebte, zugleich jedoch auch ihren stellvertretenden Charakter für alle früheren Lieben, deren er sich anlässlich ihrer erinnerte. Deswegen ist im Gedicht das Sehen der Imagination mit Erinnerung vermischt, die Erscheinung der Geliebten nicht mehr nur an die reale gebunden, ohne dass der Affekt sich deswegen hätte abschwächen müssen.

Das Gedicht gibt Anlass für eine Zwischenüberlegung, die auch den Stil betrifft. Ausgangspunkt ist der Vorgang des Übersehens, der mit einer Selbstreflexion auf die Wahrnehmungsbedingungen verknüpft ist: „Bin ich denn blind? Wie soll mir das geschehn?“ Wichtig ist, dass Erscheinung und Bild ja nicht nur eine Objektseite besitzen, sondern auch und vor allem eine subjektive. Daraus nun erfolgt in der zweiten Strophe die Wendung, dass es der Objektseite, der physischen Erscheinung, des Bildes gar nicht bedarf, weil der affektiv bestimmte innere Sinn – Einbildung, Imagination, Erinnerung – durchaus imstande ist, die Geliebte auf andere Weise und intensiver zu vergegenwärtigen. Diese Selbströstung des Ich, die im Übrigen auch auf das andere Ich der Geliebten suggestiv übertragen wird, entspringt der Negativität auf der Seite der mangelnden physischen Wahrnehmungsfähigkeit. Sie ist Negation des Negativen durch Substitution des Augensinns durch den inneren Sinn. Die Bedeutung des Vorgangs liegt also nicht in visueller Erscheinung, sondern in ihrem Ausbleiben, welches die Voraussetzung vermittelt für die Wendung ins Innere. Dass es innen licht ist und bleibt, während außen die Wahrnehmung scheitert, ist eine Bedeutung, die nicht anschaubar ist, die vielmehr reflexiv generiert wird.

Ganz deutlich sollte sein, dass die Nicht-Wahrnehmung der Geliebten nicht etwa ein poetisches Bild ist, dem die Notwendigkeit einer Substitution des äußeren durch den inneren Sinn bereits eingeschrieben ist. Jedoch ließe sich sagen, dass das Ausbleiben der Wahrnehmung ein Zeichen abgibt, welches auf dem Wege der Reflexion zur Umdeutung der Sinnesebenen zu führen vermag. Notwendig ist dabei aber der reflexive Akt und die durch ihn erreichte Umdeutung. Keineswegs also liegt Be-deutung im Bild, Symbolik hat in diesem Gedicht keinen Ort.

Stilistisch unterstreicht das Gedicht die Dynamik einer Entwicklung von fassungslosen Fragen und Ausrufen hin zur fast epigrammatischen Selbstberuhigung der Schlusszeilen, in denen das Verhältnis von Nähe und Ferne umgekehrt ist. Empirie wird auf dem Wege der Reflexion ins Über-Empirische verwandelt. Insofern ist das Gedicht nicht nur ein solches, sondern es deutet sich poetologisch als dichterischen Akt, in dem am Ende die Einbildung über das Negative der Empirie triumphiert, ohne dass doch der Schmerz des realen Erfahrungsverlustes und die Problematik einer Selbst-Tröstung mittels poetischer Verwandlung verschwiegen würden.

In den „Chinesisch-Deutschen Jahres und Tageszeiten" findet sich als IX. Gedicht ein Vierzeiler, den Trunz als Beispiel symbolischer Anschauung beansprucht.

Nun weiß man erst, was Rosenknospe sei,
Jetzt da die Rosenzeit vorbei;
Ein Spätling noch am Stocke glänzt
Und ganz allein die Blumenwelt ergänzt.[9]

Trunz kommentiert: „Ein Anschauen, das tief ins Innere eingeht, so daß es ein Wissen wird. Die eine Knospe repräsentiert die vollkommene Blütenschönheit, und insofern wird die umgebende ‚Blumenwelt' erst durch sie ‚ganz'."[10]

Zunächst: Nicht entspringt das Wissen dem Anschauen, „das tief ins Innere eingeht", sondern umgekehrt: Das „Vorbei" der Rosenzeit ermöglicht das Wissen davon, „was Rosenknospe sei", und dieses doppelte Wissen („Vorbei" und „Rosenknospe" geht ein in den Begriff „Spätling", und nun erst entsteht die Anschauungsebene „am Stocke glänzt".

Zu Beginn steht die Bewusstseinskonstellation „Jetzt" – „Nun" – „Vorbei", Und in dieser Konstellation ist entscheidend das Verb „sei". Nicht: Was Rosenknospe ist, sondern was sie sei, welche Möglichkeiten in ihr wohnen. „Vorbei" und „Rosenknospe", das Gewesene der Zeit und die Zukunftsmöglichkeit der Knospe führen zu der neuen Konstellation „Spätling" „noch", d.h. zur Konkretisierung der früheren Gegensatz-Konstellation und schließlich erst zur Ebene des Sinnlichen („glänzt"). Keineswegs nun wird die Blumenwelt durch die Ro-

9 Mü 18,1, 18
10 Trunz, wie Anm. 1, S. 160

senknospe „ganz", wie Trunz meint, sondern „ganz allein" ergänzt jener Spätling die Blumenwelt, er bleibt in ihr allerdings Repräsentant seiner Spezies, und er „ergänzt" sie, komplettiert sie jedoch nicht.

Man kann an diesem Beispiel erkennen, wie der Versuch einer symbolischen Interpretation des Gedichts die Pointe verpasst, indem sie das „Vorbei" nicht ernstnimmt und beschwichtigend die Ganzheit der Blumenwelt unterstellt, die durch den anachronistischen Spätling gewonnen werde. Stattdessen beharrt das Gedicht auf dem Anachronismus und seinen in ihm ausgedrückten Möglichkeiten. Was wüsste man von den Potenzen der Rosenknospe, wäre ihre Zeit nicht vorbei! Und sähe man sie denn am Stocke glänzen, wüsste man nicht, dass sie ein Spätling ist? Wissen und Bewusstsein schärfen die Wahrnehmungsfähigkeit, und darin liegt die Modernität des Vierzeilers, die über das Gleichmaß von Anschauung und Bedeutung im Sinne der Symbolik weit hinausreicht.

Auch die weiteren Bedeutungsdimensionen des Gedichts beruhen auf Wissen und Erfahrung von einer anachronistischen Spätlingsblüte. Selber ein Spätling innerhalb einer zu Ende gehenden Epoche zu sein, Lebenszeit und historische Zeit als verbunden zu empfinden: ein Altersbewusstsein innerhalb einer zu Ende gehenden Zeit, die Heinrich Heine in Anlehnung an Friedrich Schlegel wenig später die „Kunstperiode" genannt hat.

Wie sich unschwer bemerken lässt, steckt die scheinbare Spruchhaftigkeit und Bündigkeit des Vierzeilers voller Unebenheiten und Fallstricke. Spätzeitmelancholie und Zukunftserwartung zugunsten des Unikums der übriggebliebenen Knospe sind als Widersprüche nicht aufzuheben. Ja die Melancholie ist umso stärker, als man jetzt erst weiß, was in der Rosenknospe genetisch angelegt ist. Es geht um ein Wissen, das man am Unikum des Spätlings erfährt, nicht in der kollektiven Blüte der Rosenzeit. Wissen wird, vermittelt über das Glänzen des Spätlings am Stock, zur Erfahrung, zur Erfahrung der Spätzeit sowohl als auch dessen, was da zu Ende geht.

Wenn nun also in der so genannten „reinen" Lyrik aus Goethes Spätzeit Bild und Bedeutung ein vielfältiges, vieldeutiges, komplexes Beziehungsverhältnis aufweisen, wie mag es da um die nicht-„reine" bestellt sein? 1827 vereinigt Goethe eine Gruppe von 16 Gedichten unter dem Titel „Parabolisch", womit auf die gleichnishafte Beziehung von Gegenstand und Bedeutung verwiesen wird. Symbolik als unmittelbare Einheit von Bild und Bedeutung ist hier also nicht zu erwarten, weswegen diese Gedichte für Trunz nicht in Betracht kommen.

Die Nummer 4 der Gruppe ist ein Sechszeiler und lautet:

Zu Regenschauer und Hagelschlag
Gesellt sich liebeloser Tag,
Da birgst du deinen Schimmer;
Ich klopf am Fenster, poch am Tor:
Komm liebstes Seelchen, komm hervor,
Du bist so schön wie immer.[11]

Es ist, als habe Goethe hier „parabolisch" gegen die symbolistische Deutung seines lyrischen Spätwerks opponieren wollen. Die symbolische Gleichung von schlechtem Wetter und „liebelose(m) Tag" soll nicht gelten. Zwar mag es witterungsbedingt nur konsequent sein, dass die Angesprochene ihren „Schimmer" „birgt" – der entscheidende Vers des Gedichts heißt: „Da birgst du deinen Schimmer". „Birgst du" hält schwebend die Mitte zwischen ‚verwahren' und ‚verbergen' und „Schimmer" seinerseits oszilliert zwischen ‚Glanz' und ‚Körperlosigkeit'. Das Ich indessen weiß von diesem verwahrten und verborgenen Glanz, selbst wenn er sich nicht physisch zeigt. „Du bist so schön wie immer": Solch rührend- schlichte Bestätigung der verborgenen Schönheit macht das Klopfen und Pochen an

11 Mü, 13,1, 180

Fenster und Tor beinahe überflüssig. Liebe unterwirft sich nicht den Unbilden der Witterung, weiß sie doch von dem ge- und verborgenen Schimmer der Geliebten, die unter dem bestätigenden Appell an die Schönheit ans imaginäre Tageslicht gerufen wird.

Die Widerständigkeit des Ich hat ihren Grund im Wissen, nicht in der Anschauung, und sie hat ihren anderen Grund in der Kraft des Ausdrucks dieses Wissens, dem es gelingen kann, das „liebste Seelchen" in seiner anschaulichen und taktilen Körperhaftigkeit hervortreten zu lassen. Anschauung also auch hier nicht Grund und Beginn, sondern Folge und gewünschtes Resultat der lyrischen Sprachkraft.

Mag man nun gleichnishaft hinter dem Gedicht eine Philosophie des Strebens und der der Natur opponierenden Kraft vermuten: Es bedarf dessen jedoch nicht, weil die Liebeszuversicht und ihr lyrischer Ausdrucksgehalt als vorgestellte Haltung genügen.

Man könnte dieses Gedicht direkt auf die Schlussstrophe des dritten der an Ulrike von Levetzow gerichteten Gedichte beziehen:

Und wenn bei stillem Dämmerlicht
Ein allerliebstes Treugesicht
Auf holder Schwelle dir begegnet
Weißt du ob's heitert? ob es regnet?[12]

Auch hier wird die meteorologische Beobachtung obsolet gegenüber der vorgestellten Erscheinung der Geliebten, die indessen -das sei konzediert – mit mehr Emphase zum Ausdruck gelangt als in dem eher schlichten Pathos des Verses: „Du bist so schön wie immer". Aber die Differenz bleibt graduell und begründet kaum die Unterscheidung zwischen

12 Mü, 13,1, 91

„Gedankenlyrik" und „reiner Lyrik" (Trunz). Goethes lyrischer Spätstil ist nämlich, und damit ist der Ausgangspunkt wieder erreicht, insgesamt bestimmt durch eine zunehmende Introversion des sinnlichen Vermögens und durch einen hohen Grad an Reflexivität, dem das sinnliche Moment erst sekundär folgt, indem es durch ihn vermittelt erscheint.

Als Beispiel für den Funktionswandel, dem insbesondere der Augensinn unterliegt, sei hier die Nummer VIII aus den „Chinesisch-deutschen Jahres- und Tageszeiten" zitiert:

Dämmrung senkte sich von oben,
Schon ist alle Nähe fern;
Doch zuerst emporgehoben
Holden Lichts der Abendstern!
Alles schwankt ins Ungewisse,
Nebel schleichen in die Höh';
Schwarzvertiefte Finsternisse
Wiederspiegelnd ruht der See.

Nun im östlichen Bereiche
Ahnd' ich Mondenglanz und Glut,
Schlanker Weiden Haargezweige
Scherzen auf der nächsten Flut.
Durch bewegter Schatten Spiele
Zittert Lunas Zauberschein,
Und durchs Auge schleicht die Kühle
Sänftigend ins Herz hinein.[13]

Was wohl zunächst auffällt an diesem Gedicht, ist die liedhafte Einfachheit der Verse. Wären da nicht die Verben der Bewegung, so ließe sich an ein gemaltes Bild denken, an eine chinesische Miniatur einer Abendlandschaft mit Himmel, Nebelstreifen, Mond, Weidenbäumen, Schatten und See. Aber dem Bildhaften steht die Bewegung entgegen, die teils eine von oben nach unten, teils eine von unten nach oben gerichtete ist, so

13 Mü 18.1, 18

dass das „schwankt ins Ungewisse“ der fünften Verszeile der widersprüchlichen Bewegung einen angemessenen Ausdruck verleiht. Auch der Blick schweift vom Himmel auf die Erde, von dort wieder empor zum Mond und wieder zurück auf den See bzw. die Schatten, die auf ihn geworfen werden, und den Widerschein des Mondes auf ihm. Die Unruhe der Bewegung scheint mit dem Betrachter zusammenzuhängen, dessen gleichsam flatternder Blick nirgends einen Haltpunkt findet. Wieder wechselt infolgedessen das Verhältnis von Nähe und Ferne, das Nahe scheint fern, das Ferne, wie etwa der Abendstern, in „holdem“ Lichte vertraut und nah. Nicht einmal das Mondlicht ist eindeutig, es wechselt zwischen Glanz, Glut und Zauberschein. Die Unruhe der mannigfaltigen Bewegungsformen scheint die Unruhe des Betrachters zu reflektieren, die in die äußere Bildsphäre der gesehenen Abend- und Nachtnatur projiziert wird. Dies alles wird aber erst vom Ende des Gedichts her deutlich, den beiden Schlussversen: „Und durchs Auge schleicht die Kühle / Sänftigend ins Herz hinein.“ Während das Auge zunächst die Unruhe des Herzens in die gesehene Natur dringen ließ, kommt am Ende die Kühle der wahrgenommenen Nacht durchs Auge zurück ins Innere. Je mehr in Goethes Spätlyrik die Sinne als Wahrnehmungsorgane schwinden, desto umfassender wird das Auge zur Öffnung des Herzens, ein fühlendes Auge, durch das weniger das Sichtbare dringt als die hörbaren Töne bzw. hier die Kühle der Nacht. Über das Auge vermittelt sich die Unruhe in den Blick nach außen, und über das Auge dringt im Gegenzug die Kühle „sänftigend“, beruhigend also, ins Herz. Von daher erscheint es nicht abwegig, den Abend als den des Lebens und die dem Blick mitgeteilte Unruhe als die einer Todesangst zu verstehen. Sänftigung wäre dann Aufhebung der Unruhe im Todesgedenken. Auch hier spricht das Ich nicht eigentlich von sich selber, sondern es teilt sich mit, indem es seinen Austausch mit der Natur vergegenständlicht.

Erst die Schlussverse lassen deutlich werden, dass ein Zusammenhang besteht zwischen der Bewegungsunruhe der gesehenen Natur und dem sänftigungsbedürftigen Herzen, das durch das Auge nichts Gesehenes zu sich dringen lässt, sondern einen Aggregatzustand der Luft: Kühle.

Das Gedicht als ganzes handelt vom Funktionswandel des Auges: Wird das Auge zunächst, abendzeitlich bedingt, um seine optische Funktion gebracht, so dass das Ferne, der Abendstern, die dämmrige Nähe überstrahlt, wird im weiteren Verlauf der Modus des Indirekten, die Spiegelung im See hervorgehoben, eine Spiegelung indessen lediglich der Finsternisse im Dunkeln des Sees, so verliert sich am Ende das optische Spiel von Dunkel und Licht, von direkter und mittelbarer Wahrnehmung, von Nähe und Ferne, indem das Auge zum fühlenden Auge, zum Organ der Empfindung nächtlicher Kühle wird.

Kaum anderswo wird in der Lyrik das Phänomen ‚Alter' realisiert wie hier. Es heißt hier sehr bewusst „realisiert", weil ‚behandelt' nur ein Thema oder einen Stoff indizieren würde, während ‚symbolisiert' die Unterstellung nahelegen würde, dass hier ein Bild mit der Bedeutung ‚Alter' entworfen würde, was aber keineswegs der Fall ist. Würde man indessen sagen ‚bezeichnet', so könnte man meinen, die verwendeten sprachlichen Zeichenträger wären gegenüber dem, was sie bezeichnen sollen, willkürlich, arbiträr. Es heißt also „realisiert", um darauf hinzuweisen, dass hier Wahrnehmung von Gegenständen, Wahrnehmungsweise, Selbstwahrnehmung und Wahrnehmungsreflexion des Verhältnisses von Innen und Außen einen vieldimensionalen Komplex bilden, der aber so erscheint, als wäre seine Vielheit in der Einheit aufgelöst. Goethe nämlich trennt die Dimensionen nicht, betont nicht die Differenzen oder gar Widersprüche, sucht sie vielmehr stilistisch auszugleichen. Wohlgemerkt ‚auszugleichen', nicht zu glätten, sie bleiben spürbar in den Vibrationen des Ausdrucks, in der Unruhe des Sprechens, die erst in der Schlusszeile aufgehoben wird.

Man könnte das Verb „ausgleichen“ vielleicht mit „balancehalten“ übersetzen, um hervorzuheben, dass es nicht um ein glättendes Vermischen der Konturen geht, sondern darum, lyrisch die Kontenance zu bewahren angesichts dessen, was da als Phänomen des Alterns zur Sprache drängt. Hier liegt im Stil auch die Differenz zum fortschreitenden 19. Jahrhundert. Heine etwa stellt die Brüche aus, rettet sich in das Sprachspiel, operiert mit Selbstironie. Goethes späte Lyrik hingegen bleibt, im Unterschied zu *Faust II* oder *Wilhelm Meisters Wanderjahre*, weitgehend unironisch. Sie nimmt das Subjektive ernst, indem sie dessen Ängste zugleich ausspricht und zu bannen sucht, zu bannen sucht, indem sie es ausspricht.

Aussprechen um zu bannen: Das mag auch als Funktion der „Trilogie der Leidenschaft“ zu bestimmen sein, die am Ende ja Töne und Tränen sowie Töne und Liebe zusammenbiegt. Wenn hier auch der musikalische Ton intendiert ist, realisiert sich das Gedicht selbst doch im Ton der Sprache. Tränen lösen den Schmerz, Töne realisieren ihn als Empfindung, die der Schmerz auslöst, der Liebe, und dies alles geschieht unter dem Leitwort „Aussöhnung“. Es ist eine fragile und prekäre Aussöhnung, die hier stattfindet, denn im Unterschied zu den lösenden Tränen ist es die Eigenschaft der Töne, sich mit der Liebesempfindung zu verbinden und auf diese Weise den Schmerz, den sie bereitet, auch festzuhalten, und „bannen“ ist bekanntlich ja beides: fern- und festhalten.

Unter dem Blickwinkel des lyrischen Spätstils ist insbesondere auf die erste und letzte Strophe der „Elegie“ zu rekurrieren. Die erste Strophe:

Was soll ich nun vom Wiedersehen hoffen?
Von dieses Tages noch geschloßner Blüte?
Das Paradies, die Hölle steht dir offen,

Wie wankelsinnig regt sich's im Gemüte!
Kein Zweifel mehr! Sie tritt ans Himmelstor,
Zu ihren Armen hebt Sie dich empor.[14]

Man muss nur die Variationen des grammatischen Subjekts verfolgen, um zu sehen, dass es sich in dieser Strophe bereits um eine Auflösung des Ichs handelt. Ich – dir – regt sich's – dich: erste, zweite, dritte, zweite Person. Das Ich spaltet sich auf, und die selbstauffordernde Sprachgebärde „Kein Zweifel mehr!" kommt in einem Moment, in dem das Ich impersonal zum Adressaten der Aufforderung geworden ist, seinen Subjektcharakter eingebüßt hat. Dem in der Anfangszeile geäußerten „hoffen" ist damit der Boden entzogen, und die Differenz zwischen „Paradies" und „Hölle" hat ihren teleologischen Punkt insofern verloren, als es an einer Bestimmtheit mangelt, wer denn die eine oder andere Schwelle betreten könnte.

Die letzte Strophe der Elegie, eine Art Coda, ist ein bestätigendes Echo der ersten.

Mir ist das All, ich bin mir selbst verloren,
Der Der ich noch erst den Göttern Liebling war;
Sie prüften mich verliehen mir Pandoren,
So reich an Gütern, reicher an Gefahr;
Sie drängten mich zum gabeseligen Munde,
Sie trennten mich, und richten mich zu Grunde.[15]

Trennung, Verlust der Geliebten, Weltverlust, Selbstverlust, das ist das thematische Spektrum der Strophe. Grammatisch ist das Subjekt hingegen, im Gegensatz zur ersten Strophe, weitgehend gefestigt. Mir, ich, mir, ich, mich, mich, mich. Solche grammatische Konstanz setzt jedoch den Selbstverlust bereits voraus. Das Ich, das sich selbst verloren ist, vermag sich nicht mehr als „du" anzureden, und sogar die impersonale Existenzweise ist

14 Mü 13,1, 94
15 Mü 13,1, 97

ihm verwehrt. Es überdauert daher nur als grammatisches Subjekt, und dies zuletzt auch nur im Akkusativ, während das personale Ich längst als verlorenes gesetzt ist. Das Universelle des Verlusts wird in der letzten Zeile noch einmal betont durch das absolute „Sie trennten mich“: nicht mehr von ihr oder von mir, sondern überhaupt und ganz und gar. Dagegen erscheint der Schluss: „und richten mich zu Grunde“ nur noch als bestätigender Abgesang, ist doch mit der trennenden Auflösung zuvor schon alles getan.

Stilistisch fällt bei dieser Schlussstrophe das Pathos der Nüchternheit ins Auge. Keine Klage mehr, keine Exclamation, keine Frage an irgendwen, vielmehr ein blankes Resümee. So ist es geschehen, so ist es nun. Klage verbietet sich hier nicht nur deswegen, weil sie womöglich ungehört bliebe, der Klage fehlt insbesondere ein seines Schmerzes gewisses Subjekt, ein empfindendes Ich, das doch gleichsam neben dem Welt- und Selbstverlust stehen müsste, um sich als empfindendes Ich artikulieren zu können. Die Elegie gerät auf diese Weise auch an die Grenzen ihrer Gattung, insofern sie das „ich bin mir selbst verloren“ nicht nur rhetorisch vollzieht, sondern eingedenk der poetologischen Konsequenzen, welche den Klagegesang an sein Ende gelangen lassen.

Wie anders hingegen vermag Goethe dramatisch sprechen zu lassen, in einer Gattung, in der, wenn „Ich“ gesagt wird, der Abstand zum poetischen Ich per se unvergleichlich größer ist. Im 2. Faust darf in der Szene „Bergschluchten“ der „Pater Exstaticus“ „auf und ab schweifend“ seinem Namen Ehre machen:

Ewiger Wonnebrand,
Glühendes Liebesband,
Siedender Schmerz der Brust,
Schäumende Gottes-Lust.[16]

So darf gesprochen bzw. gesungen werden, wo niemand nach einem Empfindungssubstrat des Sprechers zu fragen braucht. Die Lyrik hingegen, und insbesondere die Elegie, verlangt Authentizität, subjektive Glaubwürdigkeit, zumindest in Zeiten wie der des späten Goethe, in denen das Ich noch nicht ein Rollenspiel mit sich inszeniert, die Ich-Spaltung also noch nicht vorausgesetzt ist. Authentizität bedeutet Übereinstimmung von Subjekt, Aussage und Aussageweise. Das Ich, das sich selber verloren ist, darf also nicht sprechen, als besäße es sich noch. Umgekehrt heißt dies aber nicht, dass in Goethes Spätlyrik überhaupt kein Ich mehr spräche. Es spricht eben nur nicht mehr im Bewusstsein seiner selbst als positiv seiendes. Seine Redeweise ist daher so, als spräche es im Eingedenken seiner selbst als gewesenes, als blickte es von anderem Ort und aus anderer Zeit auf sich zurück. Dies ist das wesentliche Genre-Merkmal der Elegie, eines Klagegesangs, dem das klagende Subjekt gleichsam abhanden gekommen und lediglich als hypothetisches im Gedicht noch anwesend ist.

Ein letztes Beispiel – durchaus keine Elegie – soll die Differenz zwischen einem sich positiv setzenden Ich bzw. einem Ich, das gleichsam von fern auf sich zurückschaut, verdeutlichen.

Dem Aufgehenden Vollmonde

Willst du mich sogleich verlassen!
Warst im Augenblick so nah!
Dich umfinstern Wolkenmassen,
Und nun bist du gar nicht da.

16 Faust II, 11854–11857, Mü 18.1, 344

Doch du fühlst wie ich betrübt bin,
Blickt dein Rand herauf als Stern!
Zeugest mir daß ich geliebt bin,
Sei das Liebchen noch so fern.

So hinan denn! Hell und heller,
Reiner Bahn, in voller Pracht!
Schlägt das Herz auch schneller, schneller,
Überselig ist die Nacht.[17]

Das Datum verweist darauf, dass das Gedicht drei Tage vor Goethes 79. Geburtstag entstanden ist. Im Herbst des Jahres wurde es Marianne von Willemer übersandt. Max Kommerell kommentiert das Gedicht mit „lauter Sprachgebärden".[18]

Gebärden haben neben dem Ausdruckscharakter insbesondere eine zeichenhafte Verweisungsfunktion. Das Ich verweist auf sich als ein empfindendes, spontanes zurück. Verse wie „Und nun bist du gar nicht da" zitieren eine beinahe rührende Naivität des Tones. Zitieren und gebärdenhaftes Verweisen dokumentieren Abstand. Das Zitieren des Naiven bedeutet ein im Schillerschen Sinne Sentimentalisches. Daher hat Kommerell Unrecht, wenn er von „Wiederherstellung" spricht, und er hat Recht, wenn er zusammenfasst: „Welch ein Gedenken, welch ein Gedicht des Gedenkens!"[19]

Das Gedenken ist aber nicht nur das einer gewesenen Liebe, die beschworen wird, sondern auch des Ich, das da empfunden hat. Das Gedicht bewahrt die Empfindung und es bewahrt das Ich als erinnertes. Und das erinnernde Ich? Es ist der Form nach zweifellos gesetzt. Es tritt jedoch, gegenüber dem erinnerten, kein neues Moment von Subjektivität hinzu. Medium der

---

17 Mü 18,1, 27

18 Max Kommerell, Versuch eines Schemas zu Goethes Gedichten, in: M.K. Gedanken über Gedichte, Frankfurt am Main 1956, 2. Aufl. 134

19 Max Kommerell, ebd., 135

Erinnerung ist das Gedicht selbst als eine Gestalt poetischer Objektivation. Der beinahe 79jährige hat sie gedichtet. Was er neben dem Gedicht und außerhalb seiner noch zu sein vermag, muss an dieser Stelle nicht interessieren.

Zusammengefasst: Veränderungen in der Apparatur der Sinne bewirken ein stärkeres Gewicht des inneren gegenüber den äußeren Sinnen. Das Auge vermag zum Einfallstor der „Kühle“ zu werden, wenn seine visuelle Kapazität geringer wird oder gar schwindet. Damit verbunden ist ein höherer Grad von Reflexivität, der seinerseits die Wahrnehmung steuert, wenn er sie nicht überhaupt erst entstehen lässt.

Erinnerung wird zum entscheidenden Moment des imaginativen Vermögens: Erinnerung von Empfindung, Erinnerung der Geliebten, Erinnerung des Subjekts selbst, das sich als verlorenes begreift.

Gleichwohl wäre es falsch, dieser Spätlyrik das Spezifikum von Konkretion und sinnlicher Kraft abzusprechen. Erinnerung vermag sehr wohl konkrete Bilder zu erzeugen, denen ein Moment geradezu visueller Gegenwärtigkeit zukommt. Nur ist dieses kein unmittelbares, sondern ein mittelbares, eines, das als zurückgeholtes gegenwärtig ist. Gegenwärtig allerdings nur im Gedicht, nicht außerhalb seiner. Das zeigt auch die Funktion des Gedichts in dieser Spätzeit: es vergegenwärtigt erinnerungsweise, was abzusterben droht. Und letzteres gilt nicht nur im biologischen Sinn, sondern insbesondere auch im geschichtlichen.

Nachromantische Moderne

„Wilhelm Meisters Wanderjahre oder *Die Entsagenden"*

Die Romanform gehört nicht zu den strengen Formen. Gleichwohl steht der Autor vor der Notwendigkeit, die separaten Momente in der Weise aufeinander zu beziehen, dass ein innerer Zusammenhang deutlich wird. In den *Wahlverwandtschaften* ließ sich dieser Zusammenhang allein schon daran erkennen, dass die Formen auf ein relativ beschränktes Figurenarsenal bezogen waren. In den *Wanderjahren* hingegen lässt sich ein sehr breites Figurenspektrum bemerken, innerhalb dessen nicht einmal die Titelfigur eine dominante, integrierende Rolle spielt. Daraus ergeben sich Probleme, die im Folgenden zu beschreiben und zu erklären sind.

Im Unterschied zu *Wilhelm Meisters Lehrjahre* steht in den *Wanderjahren* nicht eine Person im Mittelpunkt des Handlungsgeschehens, sondern die Bewegungsform des Wanderns in all ihren Facetten: Fußwanderung, Wanderung zu Pferde oder im Wagen, das Auswandern nach Übersee oder das Wandern zu europäischen Zielorten.

Es kann durchaus geschehen, dass der Wanderer ohne festes Ziel wandert, dass er nur dem ihm vorgeschriebenen Ortswechsel folgt nach einer Verweildauer von maximal drei Tagen, und dass er binnen eines Jahres nicht an denselben Ort zurückkommen darf, so Wilhelm, dem diese Gebote von der Turmgesellschaft der *Lehrjahre* zuteilgeworden sind. Dies führt dazu, dass der Titelheld keine dauerhaften Beziehungen eingehen kann außer zu seinem Sohne Felix, den er jedoch über Jahre hin einer Erziehungsanstalt anvertraut, der sogenannten *Pädagogischen Provinz*, so dass er auch der Gegenwart des Sohnes entsagt, mit dem er erst im letzten Kapitel des Romans wieder zusammentrifft, indem er ihn von einem Wassersturz errettet.

Wandern kann auch in der Form des Pilgerns geschehen (*Die pilgernde Törin*) oder im übertragenen Sinn, dass Beziehungen zwischen Personen von der einen Figur zur anderen „wandern".

Es gilt nun, die Form des Romans als Ausdruck und Manifestation der Poetologie des alten Goethe zu entwickeln. Wird im Kommentar der Münchner Ausgabe der Roman als „Novellenkranz"[1]deklariert, so greift dies gewiss zu kurz. Die Rundheit und Geschlossenheit eines „Kranzes" wird man in den *Wanderjahren* vergeblich suchen. Außerdem wird die Bezeichnung „Novellenkranz" der Vielfalt der Formen, die der Roman präsentiert, nicht gerecht. Unter den Formen wird man zunächst den Selbstkommentar des Redaktors, der ja zugleich die Erzählinstanz abgibt, zu nennen haben. Er bezieht sich auf die ihm angeblich vorlegende Vielzahl unterschiedlicher Papiere wie Briefe, Tagebucheinträge, Dialoge, Reden, Gesänge und Gedichte, Spruchsammlungen, Betrachtungen und eben das Märchen und die Novellen, deren Darstellung teils aus der Rahmenhandlung motiviert wird, teils aber auch nicht. Die Novellen sind zum Teil in sich geschlossene Gebilde, zum anderen Teil jedoch offen zur Rahmenhandlung hin, insofern Novellenfiguren später wiederkehren und in veränderten Konstellationen auftreten, erkennbar, selbst wenn sie unter

1 Münchner Ausgabe Bd. 17, 960

neuem Namen auftreten.[2] Auch ergeben sich Korrespondenzen zu den *Lehrjahren*, insofern die dortige Turmgesellschaft wieder in Szene tritt, insbesondere Jarno unter dem Namen Montan, aber auch Lothario, Friedrich, Philine und Natalie. Therese, mit der Lothario am Ende der *Lehrjahre* sich verbunden hatte, taucht in den *Wanderjahren* nicht mehr auf, statt dessen ist Lothario nun mit einer Julie als seiner *Gemahlin* (Mü 17, 664) verknüpft, möglicherweise der Julie aus *Wer ist der Verräter?* Aber diese Julie war am Ende der Novelle mit einem anderen Mann verbunden, der den Namen *Antoni* (Mü 17, 339) trug. Insofern hat man von einer doppelten Julie auszugehen.

Eigentümlich ist auch das Verhältnis Wilhelms zu Natalie, die am Ende der *Lehrjahre* eine Verbindung eingegangen waren, die Wilhelm gleich zu Beginn der *Wanderjahre* in einem Brief an sie bestätigt, indem er die Trennung von ihr zugleich auch beklagt: „Wie hätte ich mich losreißen können, wenn der dauerhafte Faden nicht gesponnen wäre, der uns für die Zeit und für die Ewigkeit verbinden soll. Doch ich darf ja von allem dem nicht reden. Deine zarten Gebote will ich nicht übertreten; auf diesem Gipfel sei es das letztemal, daß ich das Wort Trennung vor dir ausspreche." (Mü 17, 245) Und Wilhelm hält sich an dieses Versprechen: seine künftign Briefe an Natalie enthalten nichts mehr, was die persönliche Beziehung oder gar die Liebesbeziehung zwischen ihnen beträfe. Das persönliche Moment erscheint nicht nur verdrängt, sondern wie ausgelöscht. Dazu passt, dass von Natalie am Ende berichtet wird, dass sie mit ihrem verheirateten Bruder Lothario und dem Abbé „schon wirklich zur See gegangen" (Mü 17, 664) ist, während es von Wilhelm nicht einmal einen Abschied gab. Fiele

2 Beispielsweise tritt Flavio aus *Der Mann von Fünfzig Jahren* später als Silvio (Mü 17, 665) auf, ohne dass man unterstellen darf, dass der Redaktor oder gar Goethe sich schlicht vertan hätten.

diese Trennung unter das Prinzip der Entsagung, müsste dieses doch zumindest erwähnt werden. Der Erzähler versagt es sich, über die Auswanderer Näheres zu berichten, was ihm selbst merkwürdig erscheint, „besonders da wir so lange nichts Ausführliches von ihnen vernommen." (Mü 17, 664) „Wir leben jedoch in der Hoffnung, sie dereinst in voller geregelter Tätigkeit, den wahren Wert ihrer verschiedenen Charaktere offenbarend, vergnüglich wieder zu finden." (Mü 17, 664f.) Diese Hoffnung wird allerdings innerhalb des Romans nicht eingelöst. Dies alles fällt unter einen erzählerischen Lakonismus, der sich durch den ganzen Roman als Erzählprinzip hindurchzieht. Der Erzähler oder Redaktor – beide Funktionen überschneiden sich permanent – dekretiert, was er mitzuteilen gedenkt und was nicht. Bisweilen erläutert er sein Tun im Sinne einer Rechtfertigung: „Unsere Freunde haben einen Roman in die Hand genommen, und wenn dieser hie und da schon mehr als billig didaktisch geworden, so finden wir doch geraten, die Geduld unserer Wohlwollenden nicht noch weiter auf die Probe zu stellen. Die Papiere, die uns vorliegen, gedenken wir an einem anderen Orte abdrucken zu lassen, und fahren diesmal im Geschichtlichen ohne weiteres fort, da wir selbst ungeduldig sind das obwaltende Rätsel endlich aufgeklärt zu sehen." (Mü 17, 350)

Zum einen ist es das Romangenre, auf das reflektiert wird, indem das didaktische Moment, welches im Übrigen den gesamten Roman in unterschiedlichen Formen durchzieht (Auswandererreden, Sprüche, Erklärungen über das Spinnen und Weben), zurückgenommen werden soll zugunsten des „Geschichtlichen" sowie der Rätselauflösung, jedoch welches Rätsel? Zum anderen wird auf die Lesergeduld abgehoben sowie auf die eigene Ungeduld im Hinblick auf die Auflösung des ominösen Rätsels. Der Redaktor / Erzähler behauptet demnach, die Geschichte noch nicht zu kennen, von der er spricht. Die klassische Rolle eines Erzählers, der den Überblick hat und souverän den Erzählstoff generiert, wird hier also zurückgenommen zugunsten dessen, der sich ad hoc zu entscheiden hat, wie er vorgehen möchte und dabei das Romangenre und den Leser im Auge behält.

An anderer Stelle sieht sich der Redaktor zu einer *Zwischenrede* veranlasst:

„Hier aber finden wir uns in dem Falle dem Leser eine Pause von einigen Jahren anzukündigen, weshalb wir gern, wäre es mit der typographischen Einrichtung zu verknüpfen gewesen, an dieser Stelle einen Band abgeschlossen hätten."(Mü 17, 474) In der Beurteilung des Redaktors dominiert also die „typographische Einrichtung" über den Erzählduktus und seine immanente Logik. Die „Pause von einigen Jahren" wird nicht weiter motiviert, sie wird in der *Zwischenrede* erwähnt, ohne doch aus der Gegenständlichkeit und dem Tenor des Erzählten hergeleitet zu werden. Insofern gleicht ihre Erwähnung einem Signal, das auf der Ebene des Erzählten keine Entsprechung findet. Mit dem Leser wird also kommuniziert, jedoch nicht vermittelt über das Medium des Erzählens, sondern aus der puren Souveränität dessen, der die Pause setzt und sie dem Leser signalisiert. Wie schon ansatzweise in den *Wahlverwandtschaften* verfügt der Erzähler über seinen Stoff, vermittelt sich aber nicht mehr mit diesem. Die klassische Einheit von Erzähler und Erzähltem, die in den *Lehrjahren* noch stilprägend war, bricht hier auseinander wie später dann in der gesamten Moderne.

Um die eigene Position abzusichern gegen den Einwand, er wolle mit „allgemeinen Phrasen dasjenige, was wir nicht vorzeigen können gläubigen Lesern nur unterschieben" (Mü 17, 465), zitiert er das „Urteil eines Kenners", der das eigene Votum beglaubigt. Die Souveränität des Erzählers wird durch das fingierte Expertenurteil erhärtet, wodurch der eigene Anspruch nicht etwa zurückgenommen, sondern bestätigt wird, da er es ist, der den Experten heranzieht und sich selbst durch diesen aufwertet. Der Bescheidenheitsgestus fungiert als Erweiterung der eigenen Kompetenz.

Poetologisch berührt eine zentrale Frage das Verhältnis der Novellen zur Handlung des Romans. So mag es sein, dass ein Teil der Romanhandlung eine eigene Überschrift trägt, als handele es sich um eine Novelle, so etwa *Das Nussbraune Mädchen.*[3] Zunächst lässt sich unter dieser Überschrift eine Verwechselungsgeschichte erkennen. Lenardo meint sich an Valerine zu erinnern, während er durch diese an Nachodine als das nussbraune Mädchen erinnert wird.

Lenardo beauftragt Wilhelm, nach Nachodine zu suchen, und dieser macht sich auf seinen Weg. Damit scheint *Das nussbraune Mädchen* an sein Ende gekommen zu sein, denn das nächste Kapitel (I, 12) trägt diese Überschrift nicht mehr. Sehr viel später (III, 13) erfährt der Leser aus Lenardos Tagebuch, wie dieser im Gebirge eine Frau trifft, der er statt eines Namens die Charakterbezeichnung „Gute-Schöne“ (Mü 17, 646) zuschreibt, die aber auch als „Schöne-Gute“ (Mü 17, 663) variiert wird.[4] Anfangs trägt diese Frau noch den Namen *Susanne*, den sie später allerdings verliert. Dafür wird aber Lenardo vom Vater der „Schönen- Guten“ erkannt und namentlich identifiziert: „e O Gott“ rief er „der Junker Lenardo! Er ist's, er ist es selbst!“ (Mü 17, 652) Und auch die Tochter erkennt ihn bei seinem Namen. Beide, Lenardo und die „Schöne-Gute“, werden vom sterbenden Vater zusammengeführt, jedoch nicht als ein Liebespaar, sondern: „wie Bruder und Schwester liebt, vertraut, nützt und helft einander, so uneigennützig wie euch Gott helfe“

3 Gertrud Lehnert-Rodiek: „Das nußbraune Mädchen“ in „Wilhelm Meisters Wanderjahre oder die Entsagenden“
hält die Frage nach dem Novellencharakter der Erzählung für „müßig“. In: Goethe-Jahrbuch 102, 1985, S. 173.

4 Die Zusammenfügung von *schön* und *gut* entstammt der griechischen Antike: *kalós k' agathós.*

(Mü 17, 661). Damit *ist* der Anfang der Geschichte vom „nussbraunen Mädchen" wieder eingeholt, ohne dass diese Figur noch so bezeichnet würde. Lenardos Tagebuch, seine Ich-Erzählung, wird mitten in der berichtenden Darstellung abgelöst durch eine Außenperspektive, durch die das Ich zum Er mutiert. Auf diese Weise wird die ans Sentimentale grenzende Szene der tränenreichen Vereinigung des Paares ein wenig objektiviert, wenngleich dem Erzähler an einer Distanzierung nicht gelegen zu sein scheint, ist er als Redaktor doch für das Erzählte nicht verantwortlich.

Tagebuch, novellistischer Charakter und Romanhandlung gehen eine eigentümliche Verbindung ein, als wollte der Redaktor bzw. der Autor selbst die Grenzen der Genres einreißen, indem er sie in eigener Souveränität mischt. Darin besteht poetologisch das Neuland dieses Romans auch gegenüber den *Wahlverwandtschaften*, in denen die Vielfalt der Formen bis auf eine Ausnahme (den *Wunderlichen Nachbarskindern*, die sich zur Romanhandlung öffnen) noch klar geschieden ist. Hier indessen spielt Goethe mit den traditionell verschiedenen Genres, indem er beispielsweise den anfangs novellistischen Charakter des *Nussbraunen Mädchens* bis in die Namensgebung (Nachodine, Susanne, die Schöne-Gute) verändert und am Ende umkehrt, wenn nicht mehr das Mädchen identifiziert wird, sondern der Suchende (Lenardo) vom sterbenden Vater gefunden, erkannt und bei seinem Namen genannt wird. Die Novelle dreht sich gleichsam um die eigene Achse und geht über in den Roman selbst, der die strikte Scheidung der Formen hinter sich gelassen hat.

Die Novelle „Der Mann von fünfzig Jahren" wird eingeleitet durch eine Reflexion des Erzählers auf seine Darstellungsweise. Infrage steht, ob die Erzählung in „mehreren Abteilungen" oder in einem „fortlaufenden Vortrag" (Mü 17, 398) präsentiert werden soll. Entscheidend ist der „innere Zusammenhang" „nach Gesinnungen, Empfindungen und Ereignissen"

(Mü 17, 398), der den fortlaufenden Vortrag veranlasst – im Unterschied zu *Das nussbraune Mädchen,* das sich vom I. bis zum III. Buch des Romans mit vielfachen Unterbrechungen hindurchzieht.

Zugleich reflektiert der Erzähler von *Der Mann Von Fünfzig Jahren* auf die Durchlässigkeit des Novellengeschehens hin zur späteren Romanhandlung: „Möge derselbe [der fortlaufende Vortrag] seinen Zweck erreichen und zugleich am Ende deutlich werden, wie die Personen dieser abgesondert scheinenden Begebenheit mit denjenigen die wir schon kennen und lieben aufs innigste zusammengeflochten werden." (Mü 17 398) „Zusammengeflochten" gilt nicht nur erzähltechnisch, sondern auch gegenständlich. Der Major der Novelle und sein Sohn verbinden sich über Kreuz mit denjenigen Frauen, die in der Novelle vom jeweils anderen geliebt und begehrt worden waren: mit der schönen Witwe (Major) und mit Hilarie, die anfangs ihren Onkel – den Major – liebte und später dessen Sohn (Flavio /Silvio), mit dem sie sich aber innerhalb des Novellenrahmens nicht verbinden will. Am Ende der Novelle tritt noch eine weitere Figur der Romanhandlung in das Geschehen ein: Makarie, die Verkörperung von Weisheit und diejenige, welcher die „Verhältnisse unseres Sonnensytems .... gründlich eingeboren" (Mü 17, 358) sind. Diese ist Adressatin der Briefe ihrer Schwester und sendet „zuletzt den ganzen Briefwechsel der schönen Frau [der schönen Witwe] deren himmelsschönes Innere nun hervortritt, und das Äußere zu verherrlichen beginnt." (Mü 17, 455), womit auch sie die Verbindung von *schön* und *gut* realisiert.

Damit ist das Ende der Novelle, die das erotische Begehren von Vater und Sohn im Wechselspiel von zwei Partnerinnen, Hilarie und der schönen Witwe, thematisiert, erreicht und zugleich übersprungen. Denn die Novelle bleibt ohne Ergebnis, sie ist in diesem Sinne Fragment, und der Romanhandlung kommt es zu, das Fragment abzuschließen. Zunächst findet man Wilhelm und seinen Freund, den Maler, auf einem ungenannten *oberitalienischen* See, wo dem Maler obliegt, Bilder aus dem Leben Mignons zu malen. Dort trifft man auf Hilarie und die schöne Witwe, die sich innerhalb der Novelle persönlich nicht begegnet waren und die nun als Freundinnen auf Reisen sind. Am Ende der Episode kommt es zu einer nächtlichen Szene, innerhalb deren der Sänger das Mignon-Lied („Kennst du das Land, wo die Zitronen blüh'n / Im dunklen Laub)" (Mü 17, 469) anstimmt, die Frauen und die Männer sich jeweils unter Tränen umarmen und der Abschied eingeleitet wird.

Erst am Ende des Romans finden sich die Frauen wieder, nunmehr verheiratet, Hilarie mit Silvio / Flavio, die schöne Witwe mit dem Mann von fünfzig Jahren, dem Major aus der Novelle, dem Vater Flavios und Onkel Hilaries. Bei derart geglückten ehelichen Beziehungen, durch die auch die Konflikte innerhalb der Novelle gelöst scheinen, dürfte auf diesen Personenkreis der Begriff „Entsagung" nicht zutreffen, es sei denn, dass das Entsagen innerhalb der Novelle als Voraussetzung für die glückliche Lösung außerhalb ihrer gedacht würde. Poetologisch handelt es sich um die Dementierung der geschlossenen Form der Novelle, die erst in ihrer Transzendierung in der Romanhandlung an ihr Ziel gelangt.

Verbindende Figur ist die mysteriöse Makarie, die bereits innerhalb der Novelle ausgleichend agiert und damit die Möglichkeit schafft, die verqueren Beziehungen innerhalb der Novelle außerhalb ihrer aufzulösen und zu erneuern. Makarie fungiert als guter Geist und verkörperte Harmonie sphärischen Ausmaßes, oder aber als poetologisches Hilfskonstrukt, das dem Erzähler beiseite steht, der seinerseits das Figurenensemble nicht mehr beherrscht, insofern er sich in der Hauptsache als Redaktor ihm vorliegender Papiere geriert, in die er natürlich nicht verändernd einzugreifen vermag.

Die Offenheit der Novelle hin zur Romanhandlung, bekannt schon aus den *Wahlverwandtschaften,* bedeutet zugleich ihre Fragmentarisierung. Die Novelle erweist sich formal – und gegenständlich – als unzulänglich und bedarf infolgedessen ihrer Auflösung in der Romanhandlung, die ihr letztlich in der Umkehrung der Figurenbeziehungen den Schlusspunkt setzt.

Anders verhält es sich mit der Novelle *Wer ist der Verräter?*, die nicht Fragment bleibt, sondern einen eigentümlichen Schluss findet. Auf Wunsch der Väter soll Lucidor mit Julie verbunden werden, die indessen in den Augen Lucidors nicht zu ihm passt. Gleich zu Beginn kommt es zu einer nächtlichen monologischen Klagerede Lucidors, der den väterlichen Wunsch seiner Verbindung mit Julie heftig-emotional infragestellt bzw. negiert. Statt Julies begehrt er deren ältere Schwester Lucinde, und der Esprit der Novelle besteht darin, dass man seine nächtlichen Monologe abhört und auf diese Weise sich der dem Wunsch der Väter gegenläufigen Emotionen Lucidors versichert. Da zugleich ein Ersatz-Bräutigam für Julie sich findet, löst sich der Konflikt wie von selbst und es kommt am Ende zu einer großen, doppelten Verlobungsfeier. Den Schlusspunkt setzt indessen ein Dialog zwischen Julie und Lucidor, innerhalb dessen die verschmähte Braut Aufklärung über die nächtlichen Abhöraktionen vermittelt. Beginnt die Novelle monologisch, so endet sie dialogisch und vereint die emotional Geschiedenen formal in einem geradezu dramatischen Dialog, den kein Erzähler mehr steuert. Die Bewegung des Novellentextes führt demnach vom monologischen Klagegesang zur dramatischen Gemeinschaft der nicht mehr füreinander Bestimmten. Formal bewegt sich also der Text gegenläufig zum Konfliktinhalt und dessen Auflösung.

Dagegen operiert Goethe mit lautlichen Signalen, welche die Zugehörigkeit des echten Paares unterstreichen: sie heißen Lucidor und Lucinde, und diese *Namensgebung* allein besiegt jeden Zweifel, wer hier rechtens zusammengehören soll.

Die Novelle *Wer ist der Verräter?* spielt mit dem Wort und dem Begriff „Verrat". Einerseits ist es Lucidor, der sich selbst verrät, indem er monologisch des Nachts klagt. Andererseits üben seine Mitbewohner Verrat an ihm, indem sie ihn belauschen. Und schließlich „verrät" auch Lucidor die Väter, indem er deren Wunsch nach seiner Verbindung mit Julie negiert, was ihm Gewissensqualen bereitet. Die Frage *Wer ist der Verräter?* findet keine eindeutige Antwort, sie bildet vielmehr einen mehrschichtigen Horizont von möglichen Antworten. Insofern bildet diese Novelle trotz ihrer formalen Geschlossenheit und ihres glücklichen Ausgangs ein offenes Feld, welches zur Reflexion des Lesers anhält.

Von Bedeutung ist auch das Spiegelungsverhältnis zu *Der Mann von fünfzig Jahren.* In beiden Novellen stehen zwei Männer zwei Frauen gegenüber, die sich jeweils in einer Anfangskonstellation befinden, die aufgrund verschiedener Momente nicht aufrechterhalten werden kann. Im einen Fall ist es Lucidor, der von Julie zu Lucinde strebt, während im anderen Fall die Schöne Witwe das Werben Flavios ablehnt, der dann zu seiner Kusine Hilarie strebt, die sich allerdings an ihr Liebesversprechen zu dem Vater Flavios, ihrem Onkel, gebunden fühlt. „Verrat" ist hier, in *Der Mann von fünfzig Jahren*, gerade nicht im Spiel, eher das Gegenteil, ein starres Festhalten an der Anfangskonstellation – auch die Witwe hält an ihrem Status fest -, was dazu führt, dass innerhalb der Novelle ein Wandel zumindest institutionell nicht stattfinden kann. Hier, in *Wer ist der Verräter?*, gibt es aufgrund klarer Zuneigungsverhältnisse einen leichten Wechsel von der Anfangskonstellation zur gewünschten anderen, dort, in *Der Mann von fünfzig Jahren,* vermag die Umkehr der Verhältnisse aufgrund falscher Treueoptionen erst außerhalb der Novelle stattzufinden.

Das Motiv des Verrats findet sich auch in dem Märchen *Die neue Melusine.* Dieses Märchen besitzt einen Ich-Erzähler, der im sechsten Kapitel des III. Buches kurz als Erzähler eingeführt wird, und zwar als ein solcher, der sich „noch niemals wiederholt hat“. (Mü 17, 583)

Dieser Erzähler beruft sich darauf, die Geschichte selbst erlebt zu haben, er expliziert auf diese Weise nicht nur deren Ereignisgehalt, sondern zugleich auch sich selbst, und er erweist sich in vielfacher Hinsicht als Verräter. Er verrät seine Geliebte, die aus dem Zwergenreich stammt und über unerschöpfliche Mengen Goldes verfügt, welches der Erzähler immer aufs Neue verprasst. Er verrät seine Geliebte, indem er ihre Gesangskunst schmäht, und er verrät sie, insofern er sie als „Zwerg“ (Mü 17, 594) beschimpft, der sie in ihrer menschlichen Gestalt durchaus nicht ist. Schließlich verrät er sie, als er nach ihrer Verehelichung im Zwergenreich, in das er ihr gefolgt ist, sie und ihr ungeborenes Kind verlässt. Der Ton, in dem er die ganze Folge seiner Verfehlungen erzählt, ist bemüht locker und lässt keine Schuldempfindungen erkennen. Warum sich die Schöne aus dem Zwergenreich ausgerechnet ihm zugewandt hat, bleibt offen. Sie ist ausgesandt, um dem immer kleinwüchsigeren Zwergengeschlecht etwas von menschlicher Größe zuzuführen, was auch zu gelingen scheint, indem allerdings offenbleibt, ob sie auch die genetische Substanz ihres verräterischen Geliebten ihrem Zwergenvolk implementiert. Zumindest vermag „menschliche Größe“ nur im physischen Sinn zu gelten.

Verrat ist das zentrale Motiv des Märchens von der *Neuen Melusine*. Insofern spiegelt sich der Text in der Novelle *Wer ist der Verräter?*. Aber während der Novellenheld Lucidor seinen Verrat in den nächtlichen Monologen selbstkritisch reflektiert und seine Wünsche den Zuhörern auf diese Weise *verrät*, lässt der Ich-Erzähler des Märchens keinerlei Selbstkritik erkennen. Seine Geliebte aus dem Zwergenreich wird von ihm in brutaler Weise sexuell und materiell ausgebeutet. Die Elemente des Märchens berühren nur das motivische Ambiente, während die Erzählform eher der einer Abenteuergeschichte gleicht, deren

Held am Ende dort landet, wo er begonnen hat: in der Küche von Gasthöfen. Insofern lässt sich die *Neue Melusine* auch als Kontrasttext zur *Pädagogischen Provinz* lesen, deren Prinzip es ist, dass die Adepten einen stufenweisen Entwicklungsgang durchlaufen, an dessen Ende kulturell geprägte, den Künsten aufgeschlossene Personen stehen.

Auf diese Weise wird die Spannweite deutlich, welche die diversen Texte der *Wanderjahre* ausbilden. Von einem Entwicklungsroman, wie die *Lehrjahre* ihn zumindest intendierten, kann hier nicht mehr die Rede sein. Dass die Auswanderer am Ende auch ihr Schiff besteigen, kann kaum als Ziel des Erzählvorgangs betrachtet werden. Und Wilhelm Meisters Ausbildung zum Wundarzt wird ebenfalls eher en passent berichtet, nicht hingegen als Finale eines persönlichen Entwicklungsprozesses.

Nimmt man die vielfältigen Erzählgenres des Romans zusammen, so ergibt sich ein Panorama, welches eher in der Fläche als in der Zeit entworfen wird. Im neunten Kapitel des II. Buches wird eine Werkstatt von bildenden Künstlern dargestellt, und dort heißt es bei der Beschreibung eines Bildes: „Dieses merkwürdig verschlungene Kunstwerk war von jedem Punkte ringsum gleich günstig anzusehen." (Mü 17, 483) Es ist, als reflektierte der Verfasser hier seine eigene Romanform und rechtfertigte sie zugleich. Es ist nicht so, dass der Roman kein Handlungsgerüst besäße. Aber die zersplitterte Handlung erweist sich als bloßer Rahmen, in den die eher panoramatischen Elemente der diversen Formen und Genres eingebettet sind. Die Romanform strebt zum Gemälde, welches weniger erzählt als farbig strukturiert, mit zahlreichen Binnen- und Außenbezügen. Zwar wäre es überzogen zu behaupten, dass dieses „merkwürdig verschlungene Kunstwerk" „von jedem Punkte ringsum gleich günstig anzusehen" sei, aber es strebt eindeutig zum Tableau, dessen einzelne Elemente eine flächige Grundstruktur besitzen. Die *Wanderjahre* bilden eine Art Kreis, der

Anfang und Ende nahe zusammenrücken lässt: durch die Vereinigung von Vater und Sohn. Diese wird bekräftigt durch das Wort des Sohnes: „Wenn ich leben soll, so sei es mit dir!“ (Mü17, 687), und der Vater beschwört die ewige Wiederkehr: „Wirst du doch immer aufs neue hervorgebracht, herrlich Ebenbild Gottes! und wirst sogleich wieder beschädigt, verletzt von innen und von außen.“ (Mü 17, 687)

Dieses Ende der *Wanderjahre* lässt sich als zweideutig beschreiben: einerseits die stets erneuerte Gottesebenbildlichkeit, andererseits die Beschädigung und Verletzung dieses Bildes, und zwar nicht nur von außen, sondern auch von innen, was auf einen kritischen Blick des Vaters auf den Sohn schließen lässt, war doch den ganzen Roman hindurch von einer inneren Verletzlichkeit des Sohnes nicht die Rede, wie denn überhaupt auf Innenansichten der Figuren fast vollständig verzichtet wurde. Einzig der von der Witwe zurückgewiesene Flavio in *Der Mann von fünfzig Jahren* erschien in seiner seelischen Verletzung, die auch in seiner äußeren Haltung sichtbar wurde.

Das Ende der Romanhandlung bedeutet allerdings noch nicht den Schluss des Romans. Es folgt noch die Aphorismensammlung *Aus Makariens Archiv*. Dass Makarie diese Aphorismen archiviert hat, bedeutet nicht, dass sie auch die Autorin ist. Die Verfasserschaft bleibt ungeklärt, denn der Redaktor, der immer wieder auf vorliegende Papiere verweist, kommt als Autor nicht in Frage, ebenso wenig, wie er als Verfasser der *Betrachtungen im Sinne der Wanderer* am Ende des zweiten Buches denkbar ist. Aber während *Aus Makariens Archiv* immerhin einen Figurenbezug besitzt, lässt sich das von den *Betrachtungen* kaum behaupten, zumal die verschiedenen Wanderer keineswegs eines Sinnes sind. Wer also darf als verantwortliches Subjekt der *Betrachtungen* gelten? Die Frage scheint falsch gestellt zu sein, denn jenseits der figurenbezogenen Texte wie den Briefen, Tagebüchern, Gedichten und Gesängen lässt sich kein signifikantes Subjekt der Erzählung ausmachen, da der

Redaktor eine Verfasserschaft ausdrücklich ablehnt. Also gilt auch für die *Betrachtungen*, dass ihre Verfasserschaft als offen zu gelten hat, ebeno wie die der Aphorismen *Aus Makariens Archiv*. Eckermann berichtet am 15. Mai 1831 (Mü 17, 1026f.), Goethe habe geglaubt, den Roman in drei Bänden veröffentlichen zu sollen, wofür aber das Textmaterial nicht ausgereicht habe.

Daraufhin habe Goethe ihn, Eckermann, beauftragt, aus zwei Manuskript-Paketen, welche „Aussprüche über Naturforschung, Kunst, Literatur und Leben, alles durcheinander" enthielten, geeignete Texte herauszusuchen und zu redigieren, um die „Lücken der Wanderjahre" mit „sechs bis acht gedruckte[n] Bogen" „zu füllen". Die Zusammenstellung der *Betrachtungen* sowie der Aphorismen *Aus Makariens Archiv* geht somit auf Eckermann zurück, und was als *Maximen und Reflexionen* bekannt ist, findet hier seine Ergänzung. Die Zuordnung zu den *Wanderjahren*, welche die Titel suggerieren, kann demnach als willkürlich gelten, und wie der gesamte Roman auf der Fiktion beruht, ein Redakteur habe bereits vorliegende Texte zusammengestellt, ist es mit den *Betrachtungen* und den Aphorismen *Aus Makariens Archiv* tatsächlich geschehen. Der fingierte Redaktor des Romans findet ironischerweise in Eckermann sein reales Pendant.

Weder also ist der Roman ein *Novellenkranz* noch eine zielgerichtete *Auswanderergeschichte* und auch keine *Individualgeschichte* Wilhelm Meisters und seines Sohnes Felix. Der Roman enthält vielmehr von allen genannten Genres Elemente, die ein buntes Tableau mit mannigfaltigen Binnenbeziehungen, Gegensätzen, Spiegelungen und Rückbeziehungen auf die *Lehrjahre* malen. Thematisch sind Altes und Neues in einer Weise verknüpft, die an Modernität die romantische Literatur gleichsam in sich aufgesogen und hinter sich gelassen hat. Deswegen sind epochale Zuordnungen obsolet. Der alte Goethe hat ein Werk geschaffen, das als ein Unicum mancherlei Tendenzen des nach-napoleonischen Zeitalters vereint, ohne eine eigene stilistische Gründermentalität erkennen zu lassen. Deswegen hat sich die Geschichtsschreibung mit den *Wanderjahren* stets schwergetan.

„Am farbigen Abglanz haben wir das Leben"

Zur Ästhetik von *Faust II*

Vorauszuschicken sind einige Bemerkungen zur Entstehungsgeschichte von *Faust II*, weil sich in der Entstehung auch konzeptionelle Gesichtspunkte dokumentieren.

Goethe hat sich mit *Faust II* bereits um 1800 beschäftigt, also lange vor der Fertigstellung des ersten Teils, der 1808 im Druck erschien, ausdrücklich gekennzeichnet als „der Tragödie erster Teil". In den Jahren nach 1808 finden sich in den Tagebüchern nur selten Hinweise auf *Faust II*. Erst 1826 verdichten sich wieder Nachrichten über diese Arbeit, insbesondere am *Helena*-Akt, der dann 1827 unter dem Titel *Helena. Klassisch-romantische Phantasmagorie* im Druck erschien. Danach hat Goethe noch Teile des ersten Aktes (V. 4613–6036) separat veröffentlicht. Im Herbst 1831 erklärte Goethe die Arbeit für abgeschlossen und ließ die Handschrift versiegeln und verschnüren. Gleichwohl öffnete er Anfang 1832, wenige Wochen vor seinem Tod im März, das Konvolut noch einmal, las seiner Schwiegertochter Ottilie daraus vor und veränderte nochmals einige Szenen.

Die Entstehungsgeschichte belegt, dass Goethe am 2. *Faust* nicht fortlaufend und nicht von Beginn an in Richtung auf den Schluss gearbeitet hat, sondern dass er sich jeweils einzelne Szenen und Komplexe vornahm, die ihn zu verschiedenen Zeiten interessierten. Das Ganze ist also mitnichten ein organisch hervorgebrachtes Werk, sondern ein synthetisches Konstrukt.

Einzelne Elemente knüpfen zwar an andere an, aber nicht an unmittelbar vorausgehende, sondern häufig an weit entfernte, nicht selten auch an Szenen des ersten Teils. Eine fortlaufende, auf die Person des Titelhelden bezogene Handlung, die ja bereits im ersten Teil höchst brüchig erschien, war im zweiten Teil nicht mehr intendiert.

Der alte Goethe hatte nichts weniger im Sinn als eine geschlossene Form nach dem Modell der *Iphigenie* oder des *Tasso*. Was er an die Stelle dieser klassischen Modelle setzte, soll im Folgenden zu erklären versucht werden.

Am farbigen Abglanz haben wir das Leben. *(4727)*[1]

Dieses überaus betonte Leitzitat am Ende der ersten Szene stammt aus dem Munde Fausts, von Margarete getrennt, die er am Ende des ersten Teils in ihrem Kerker verließ. Faust wurde in eine „anmuthige Gegend" versetzt, in der er Ruhe zu finden sucht, die ihm mit Hilfe eines „Geister-Kreis[es]" auch zuteil wird, so dass er in der Morgendämmerung erquickt erwacht. Sein großer Monolog, der das irdische Leben begrüßt, endet mit den Versen:

So bleibe denn die Sonne mir im Rücken!
Der Wassersturz, das Felsenriff durchbrausend,
Ihn schau ich an mit wachsendem Entzücken.
Von Sturz zu Sturzen wälzt er jetzt in tausend
Dann abertausend Strömen sich ergießend,
Hoch in die Lüfte Schaum an Schäume sausend.
Allein wie herrlich, diesem Sturm ersprießend,
Wölbt sich des bunten Bogens Wechsel-Dauer
Bald rein gezeichnet, bald in Luft zerfließend,
Umher verbreitend duftig kühle Schauer.

1 Zitiert wird nach der Münchner Ausgabe Bd. 18.1, Letzte Jahre, 1827–1832

Der spiegelt ab das menschliche Bestreben.
Ihm sinne nach und du bergreifst genauer:
Am farbigen Abglanz haben wir das Leben. (4715–4727)

Diese Textsequenz ist verständlich nur im Rahmen der Goetheschen Farbenlehre, die hier im einzelnen nicht zu kommentieren ist, sondern nur in ihrer Konsequenz für die Dichtung.

Farben entstehen in Goethes Auffassung nicht dadurch, dass Wassertropfen das weiße Licht in die Spektralfarben brechen, sondern in einer Art „Zurückstrahlung". Das Wasser spritzt in die Höhe und wird vom Sonnenlicht verwandelt in einen bunten Bogen, eine Art Regenbogen, der ja bekanntlich in vielen Farben schimmert. Wesentlich ist nun, dass dieser Bogen in seinem Erscheinungsbild nicht konstant ist, sondern je nach dem Lichteinfall und dem Wasserschaum, auf den er trifft, changiert.

Auf diese Weise entsteht in den Worten Fausts das, was er „des bunten Bogens Wechseldauer" nennt: Dauer im Wechsel, Wechsel im Andauern. Nichts in diesem Bogen dauert, und gleichwohl dauert der Wechsel. Und diese bunte Wechseldauer „spiegelt ab das menschliche Bestreben". Hier könnte man versucht sein, von einem Symbol des menschlichen Bestrebens zu sprechen, doch es handelt sich beim alten Goethe nicht mehr um Symbole. Das Spiegeln bzw. Abspiegeln erzeugt nicht ein bedeutungsträchtiges Bild, nicht die im Bild aufgehobene Idee, sondern es steigert in der Beziehung von Licht und Materie das Bedeutete. Der Spiegel reflektiert im doppelten Sinne, er strahlt das Licht zurück, und andererseits fängt er das Licht wie ein Brennspiegel auf und lässt es erst recht erglühen.

„Am farbigen Abglanz haben wir das Leben", also nicht im Sonnenlicht und nicht im Wassersturz, sondern dort, wo das Sonnenlicht in der Materie des Wassers widerstrahlt, also auf der Beziehungsebene beider Elemente, im so erzeugten Spiegelbild. „Farbiger Abglanz", so nennt Faust dieses Spiegelbild, und damit haben wir eine neue und andere Stufe der Goetheschen Ästhetik. „Farbiger Abglanz“: Das ist in der Auffassung des alten Goethe, der am zweiten Teil des *Faust* arbeitet, nicht weniger als Leben, sondern gesteigertes Leben, zudem eines, das vom Betrachter verlangt, dass er die Beziehungsformen aktiv realisiert und für sich einlöst. Um zu erfahren, was es mit dem „farbigen Abglanz“ auf sich hat, ist er gehalten, „nachzusinnen“, um genauer begreifen zu können, eine Haltung, die dem Symbol gegenüber niemals gefordert worden wäre, weil dieses nur passive Hingabe, aber kein intellektuelle Anstrengung verlangte.

Früher, in den Neunziger Jahren des abgelaufenen Jahrhunderts, hing Goethe einer symbolisierenden Ästhetik an: Bild und Bedeutung fielen unmittelbar zusammen, und die Sinneswerkzeuge produzierten zugleich Empfindung und Bedeutung: *„Sehe mit fühlendem Aug, fühle mit sehender Hand“*, so hieß es in der fünften der *„Römischen Elegien“*. Zwischen Sehen und taktilem Empfinden bestand kein Unterschied.

Anstelle der Einheit von Bild und Bedeutung wird jetzt ein Reflexionsvorgang erwartet und gefordert, an dessen Ende das genauere Begreifen steht. Man könnte jetzt also von einer reflexiven Ästhetik sprechen, von einer Ästhetik des Mittelbaren. Es kommt nun darauf an, was sich zwischen den Phänomenen abspielt, wie sie einander steigern, indem sie sich ineinander spiegeln. Zugleich findet sich im Regenbogen eine ironische Anspielung auf den neuen Bund, den Gott in *1. Mose 9, 13* nach der Sintflut mit den Menschen geschlossen hat als ein ewiges, wechseldauerndes Zeichen der Versöhnung.

Ironisch ist diese alttestamentliche Anspielung insofern, als hier in *Faust II* ja gerade kein neuer Bund mit Gott geschlossen wird, sondern der alte Bund Fausts mit Mephisto, mit dem Teufel also, weitergeführt wird bis zum Ende. Der hier wahrgenommene bunte Bogen ist also weder ein göttliches

Versöhnungssymbol noch überhaupt ein Symbol, sondern ein sinnliches Zeichen als Aufruf zu Reflexion und Erkenntnis.

Um zu dokumentieren, was sich hier im 2. *Faust* spiegelt und in welcher Weise dies geschieht, muss die konkrete dichterische Verfahrensweise beschrieben werden. Zunächst gilt es, die Differenz zwischen dem ersten und dem zweiten Teil des *Faust* festzuhalten, denn der erste Teil spiegelt sich im zweiten und umgekehrt. Dazu Goethe in einem Gespräch mit Eckermann am 17. Februar 1831, ein gutes Jahr also vor seinem Tod:

> *„Der Erste Teil ist fast ganz subjektiv; es ist alles aus einem befangeneren, leidenschaftlichen Individuum hervorgegangen, welches Halbdunkel den Menschen auch so wohltun mag. Im Zweiten Teile aber ist fast gar nichts Subjektives, es erscheint hier eine höhere, breitere, hellere, leidenschaftslosere Welt, und wer sich nicht etwas umgetan und einiges erlebt hat, wird nichts damit anzufangen wissen.“*[2]

Und an anderer Stelle spricht Goethe vom Unterschied zwischen der kleinen Welt des ersten und der großen Welt des zweiten Teils.

Im ersten Teil ist die Faust-Figur mitsamt seinem alter ego Mephisto noch Träger der Handlung. Er führt die Handlung durch Tun und Unterlassen an in das traurige Ende im Kerker, in dem er die delirierende Margarete zurücklässt, weil diese sich weigert, ihm zu folgen. Dieses final orientierte Handlungsgeschehen findet im zweiten Teil nicht statt. Fausts Weg geht hier durch die Jahrhunderte und Jahrtausende, durch eine fertige geschichtliche oder mythologische Welt, die er nicht selbst erschaffen hat, sondern die er als eine ihm fremde bereist. Der Weg führt ihn vom spätmittelalterlichen Kaiserhof in die mythisch eingefärbte Antike der Klassischen Walpurgisnacht, in der sich die verschiedensten Gruppen zu einem bunten Fest

2 Johann Peter Eckermann, Gespräche mit Goethe in den letzten Jahren seines Lebens, hrsg. von Fritz Bergemann, Wiesbaden 1955, 410

versammeln. Mephisto ist es, der sich hier einerseits fremd fühlt und sehnsüchtig an den Blocksberg zurückdenkt: „Die nordischen Hexen wußt' ich wohl zu meistern, / Mir wird's nicht just bei diesen fremden Geistern. / Der Blocksberg bleibt ein gar bequem Local, / Wo man auch sey, man findet sich zumal." (Mü 18,1, V. 7676–7679)

Auf solche Weise, die Reminiszenz Mephistos auf die Walpurgisnacht des ersten Teils, wird ein Bedeutungszusammenhang konstituiert, der über die jeweils einzelne Passage hinausreicht, indem er beide Elemente als gegensätzliche verstehen lässt. Im Gegensatz spiegelt das eine Moment das andere, und dieses Spiegelungsverhältnis generiert die über das eine Moment hinausreichende Bedeutung.

Der dritte Akt präsentiert die Helena-Episode und mit ihr die Vermählung von Mittelalter und Antike im Helena-Akt, aus dem die Geburt der modernen Poesie in Gestalt Euphorions (Lord Byrons) hervorgeht.

Die Krise des Mittelalters kulminiert im vierten Akt im Krieg zwischen Kaiser und Gegenkaiser. Der Machtverlust des Kaisers lässt danach im fünften Akt die moderne Welt entstehen, in der Faust als Kolonisator der Meeresküste und als skrupelloser Handelsherr die Geschicke der Welt zu bestimmen scheint, während er doch hundertjährig auf sein Ende blickt und von Goethe einer ironisch vollzogenen Seelenrettung unterzogen wird, wodurch Mephisto letztlich um seine Beute gebracht wird.

Bei diesen Handlungsräumen der Weltgeschichte muss es als selbstverständlich erscheinen, dass Faust nicht der Urheber des Geschehens sein kann. Faust ist nicht die Personifikation eines Hegelschen Weltgeistes, er ist kein Motor der Weltgeschichte. Man hat ihn allerdings in diesem Sinne missverstanden: Faust, als Inkorporation des deutschen Wesens, treibt im Verständnis nationalsozialistischer Interpreten die Geschichte voran bis zu ihrer germanisch- deutschen Vollendung. Auch in der DDR galt Faust als eine Vollender-Figur, hier nämlich als Befreier der Menschheit. Tatsächlich ist er jedoch, im Unterschied zum ersten Teil, nicht mehr die große Täterfigur, die das Geschehen vorantreibt, sondern lediglich ein dramatisches Mittel, ge- und verführt von Mephisto, der sich als zynisches Machtsubjekt geriert, der indessen ebenso wenig wie Faust das Geschehen beherrscht.

Was aber heißt, bezogen auf die Titelfigur, „dramatisches Mittel"? Es soll an einem Beispiel erläutert werden, dessen Bedeutung weit über die dargestellte historische Zeit hinaus in unsere Gegenwart reicht.

Im ersten Akt herrscht am Kaiserhof eine akute Geldnot. Faust und Mephisto, jeweils als Hofchargen verkleidet, schlagen dem Kaiser vor, er könne doch auf die unter der Erde verborgenen Schätze, die ja ihm gehören, Schuldverschreibungen, Anleihen, Bonds ausgeben und diese als eine Art Papiergeld zirkulieren lassen. Diesen Papieren entsprechen, anders als etwa Aktien und ihren Derivaten, keine realen Werte, sondern nur imaginäre, vorgestellte, geahnte, und da keine Produkte als Waren hergestellt werden, sondern am Hofe nur konsumiert wird, gerät die gesamte Ökonomie des Staates mit diesen Papieren nur umso mehr ins Wanken, und der Kaiser muss im vierten Akt um seine politische Macht militärisch kämpfen.

Er begibt sich dabei in Abhängigkeit von seinen stärkeren Vasallen und verliert trotz seines Sieges über den Gegner seine Macht und wird zur reinen Repräsentationsfigur degradiert. Ein Systemwechsel findet statt vom mittelalterlichen Feudalismus zur modernen bürgerlichen Gesellschaft, ein Systemwechsel, dessen Ursachen nicht in den Handlungsintentionen einzelner Individuen begründet sind, vielmehr in objektiven sozialen und ökonomischen Gesetzen vollzogen werden, welche von den Individuen lediglich repräsentiert erscheinen.

Aus diesem Grund dürfen weder Faust noch Mephisto als geschichtsbildende Kräfte fungieren, sondern sie lösen durch ihre Papiergeld-Erfindungen nur aus, was als systematische Krise des Missverhältnisses von übermäßiger Konsumtion und mangelnder Produktivität bereits angelegt ist. Es geht um den Schein-Reichtum jener Anleihe-Papiere, die der Kaiser ausgerechnet innerhalb eines karnevalistischen Umzuges („Mummenschanz") unterschrieben hat. Modern ausgedrückt: Er hat Geld drucken lassen, um weiterhin konsumieren zu können.

Wenn es nun im zweiten Teil des *Faust* keine subjektabhängige, final gerichtete Handlungsdynamik mehr gibt: Wodurch entsteht dann überhaupt dramatische Bewegung, was macht den zweiten Teil des *Faust* überhaupt zum Drama?

Man muss sich von traditionellen Begriffen der Dramaturgie verabschieden und sich die Sache wie eine szenische Revue vorstellen, als eine Bilderfolge, deren Bewegung nicht durch Absichten und Interessen der handelnden Figuren erzeugt wird, nicht durch eine interne Dynamik, sondern durch eine Art Apparatur, welche die Bilder in Bewegung setzt. Diese Apparatur, vergleichbar mit der einer Laterna magica, ist die bewusst und höchst reflektiert gehandhabte, konstruktive Verfahrensweise des Autors Goethe, der anstelle eines linearen Handlungsgeschehens Bildreihen komponiert.

Allein im ersten Akt verwendet Goethe zwei gegensätzliche Bilderbogen, zum einen den „Mummenschanz" genannten Karnevalszug, in dem allegorische Figuren auftreten, die zunächst von einem Herold erklärt werden, und später, als der Zug in chaotische Unordnung gerät, die der Herold nicht mehr im Griff hat, sich selber erläutern. Der Umzug gerät aufgrund seiner eigenen Bewegungsdynamik in Chaos und Unordnung, ein Brand entsteht, dem der maskierte Kaiser beinahe zum Opfer gefallen wäre. Vorbild für diesen Maskenzug ist der Karneval auf dem römischen Corso, den Goethe 1787/88 erlebt und kurz nach seiner Rückkehr nach Weimar beschrieben hat.[3]

Die andere Bildfolge ist diejenige, die Faust auf seinem gefährlichen Weg zu den Müttern aus grauer Vorzeit heraufgeholt hat und dem neugierigen Hof präsentiert: eine Folge scheinbar lebender Bilder, die Paris und Helena zeigen. Die Bilderreihe wird von den Damen und Herren des Hofes kommentiert. Faust indessen, der das von ihm selbst hervorgebrachte „Frazzengeisterspiel" (V. 6546) nicht erträgt, weil er den Raub der Helena durch Paris für wirklich hält und in das Bild verhindernd einzugreifen sucht, zerstört das Geisterspiel, und die Szene endet in Explosion, Finsternis und Tumult.

In beiden Bildfolgen werden Spiel und Realität, Schein und Wirklichkeit verwechselt. Es ist geradezu ein Charakteristikum des spätmittelalterlichen Kaiserhofes, dass man die Seinsweisen von künstlichem Spiel und wirklichem Ernst nicht mehr zu unterscheiden weiß und dass diese Verwechselung jeweils in Feuer, Lebensgefahr und Tumult mündet. Wichtig ist dabei nun, dass Goethe jene Verwechselung von Schein und Sein nicht nur in den jeweiligen Bildfolgen des Karnevalsumzuges und der Paris-Helena- Beschwörung geschehen lässt, sondern dass die jeweiligen Bilderbögen in die Sphäre der primären Handlung hinüberreichen. Dass der Kaiser die Schuldverschreibungen im Maskenspiel unterschreibt, lässt sie dennoch auch außerhalb des Karnevals gültig sein. Und dass Faust im von ihm selbst erzeugten Bilderbogen nach Helena greift, bleibt auch jenseits dieses suggestiven Bilderspiels wirksam, insofern Faust in der Klassischen Walpurgisnacht des zweiten Aktes nach dem Besitz von Helena strebt und ihn im dritten Akt auch erreicht.

Dies bedeutet, dass die Spiel- und Bilderbögen einerseits und das reale Bühnengeschehen gegenseitig durchlässig sind.

3 Vgl. das Kapitel „Autobiographisches"

Die Unterschiede sind allenfalls graduell bemerkbar. Goethe spielt mit jener Verwechselung von Schein und Sein und vollzieht sie dramaturgisch selbst. Ja man kann konstatieren, dass die Differenz von Sein und Schein, von Bildlichem und Realem, die er einerseits – auf der thematischen Ebene – kritisch reflektiert, für ihn andererseits selbst fragwürdig geworden ist.

„Am farbigen Abglanz haben wir das Leben", verkündete Faust in der Eingangsszene programmatisch. Die ins Auge springend Modernität von Goethes ästhetischer Verfahrensweise im 2. *Faust* liegt eben darin begründet, dass die einzelnen Phänomene nicht mehr fixe Seinsweisen und Bedeutungen aufweisen, sondern dass das Wesentliche *zwischen* den Elementen sich abspielt, in ihren Spiegelbildern. Wir haben es im 2. *Faust* mit der poetischen Umsetzung einer Relativitätstheorie zu tun, zwar nicht im strikten physikalischen Sinn, wohl aber poetologisch. Schein und Sein, Bildliches und Reales, Virtuelles und Substantielles sind nicht mehr in ihrer jeweiligen Seinsweise geschieden, sondern lediglich in ihrem Beziehungsverhältnis, ähnlich wie in der heutigen Welt Ereignis und Nachricht wechselweise aufeinander bezogen sind und einander in ihrer Wirkung berühren.

Am 27. September 1827 schreibt Goethe in einem Brief an Carl Jakob Ludwig Iken: „Da sich gar manches unserer Erfahrungen nicht rund aussprechen und direkt mitteilen lässt, so habe ich seit langem das Mittel gewählt, durch einander gegenübergestellte und sich gleichsam ineinander abspiegelnde Gebilde den geheimeren Sinn den Aufmerkenden zu offenbaren."[4] Um diese brieflichen Mitteilungen auf das Modell der Differenz zwischen Sein und Schein, Bild und Realität zu beziehen: Wesentlich sind die Bezugsebenen der Elemente, wesentlich die Frage, inwieweit sich Reales und Bildliches strikt

4 Brief an Carl Jakob Ludwig Iken, 27.9.1827, In: Goethes Briefe, Hamburger Ausgabe Bd. 4, S. 250

voneinander trennen lässt, in wieweit also die mediale Welt der Bilder selbst in die Realsphäre ausgreift, diese mitbestimmt und umgekehrt. Das Prinzip spiegelbildlicher Darstellung findet sich hier in Goethes Alterswerk durchgängig. Es bezieht sich beispielsweise auch auf das Verhältnis von Geschichte und Gegenwart. Die Figuren der Klassischen Walpurgisnacht begreifen sich selbst als vergangene, die im Spiel dieser Nacht noch einmal lebendig geworden sind. Inwiefern sind sie das? Sie sind es nicht nur deswegen, weil hier ein Spiel in antiken Kostümen stattfindet, sondern insofern sie als mythische Figuren zeitübergreifend sind. In ihnen findet ein Wechselspiel statt zwischen Vergangenem und Gegenwärtigem; sie sind also nicht antik oder modern, sondern Spiegelbilder des Verhältnisses von Antike und Moderne.

In diese Welt wird auch das Retortenbaby Homunkulus versetzt, eine Figur, die es einerseits nicht zum lebendigen körperlichen Leben gebracht hat und die andererseits schon alles weiß, was ein Alter wissen kann. Soll er nicht künstliche Intelligenz sein sondern als Mensch entstehen, muss er den ontogenetischen Prozess noch einmal vollziehen, indem er sich in den Meeresfluten verströmt. Die mythischen Götter und Halbgötter der Antike wie auch die alten Philosophen sind ihm dabei behilflich. Statt nach vorn geht er zurück in die Ursprünge des Lebens. In ihm berühren und spiegeln sich Vollendung und Anfang.

Die Reihe der Beispiele ließe sich beliebig verlängern. Es soll hier jedoch nur *ein* weiteres Spiegelverhältnis vorgestellt werden. Es handelt sich darum, wie Faust und Margarete im ersten Teil aufeinander treffen und Helena im zweiten Teil sich zunächst allein präsentiert. Im ersten Teil die Kurzszene *Straße:*

Faust: *Mein schönes Fräulein, darf ich wagen,*
Meinen Arm und Geleit Ihr anzutragen?

Margarete: *Bin weder Fräulein, weder schön,*
Kann ungeleitet nach Hause gehn.
(Sie macht sich los und ab) (V. 2605–2508)

Dagegen zu Beginn des dritten Aktes von *Faust II:*

Helena

Bewundert viel und viel gescholten Helena
Vom Strande komm' ich wo wir erst gelandet sind,
Noch immer trunken von des Gewoges regsamem
Geschaukel, das vom phrygischen Blachgefild uns her
Auf sträubig-hohem Rücken, durch Poseidons Gunst
Und Euros Kraft in vaterländische Buchten trug.
(V.8488 - 8493)

Im ersten Teil sieht man den kurzen Dialog zwischen Faust und Margarete, der doch eigentlich die Verweigerung eines Dialogs darstellt. Er sucht schmeichelnd Kontakt aufzunehmen, sie lehnt brüsk und schnippisch ab, indem sie zugleich seine Schmeichelei zurückweist, die sie wörtlich zu nehmen scheint. Ihr Zielwort lautet: „nach Hause", dort gehört sie hin, und das *nach Hause* schließt ihn aus. Dieses *nach Hause* steht auch für ihren Namen, denn sie bleibt ohne ihn ein persönlicher Niemand, ohne Stand und ohne Eigenschaft.

Dagegen nun Helenas Auftritt: Im feierlichen Versmaß des jambischen Trimeters erklärt sie sich als weltbekannte Person mit einem Namen am Ende des ersten Verses, der bereits alles sagt. Sie ist nicht nur eine Person, sondern zugleich das Urbild von Schönheit und zwiespältigem Charakter: *bewundert viel und viel gescholten,* wie sie im verschlungen- chiastischen Satz selbst hervorhebt. Ihre Redeweise lässt sich feierlich-antikisierend nennen. Helena zelebriert sich – wem eigentlich?, dem Chor, dem Publikum, dem kollektiven Gedächtnis, ihrer eigenen Person, um sich ihrer zu versichern? – als weltgeschichtlich- mythische Erscheinung, die durch die Gunst der Götter vom um sie geführten Krieg ins Ursprungsland Sparta zurückgeführt wird. Zum *Ich* wird sie erst in der zweiten Verszeile, nachdem sie sich zunächst als mythische Figur objektiviert hat. Dazu gehört nun, dass sie sich selbst unsicher über ihre eigene Seinsweise ist. Indem sie in Ohnmacht sinkt, sich selbst also zumindest zeitweise verliert, spricht sie davon, dass sie für sich selber ein *Idol* wird, ein in seiner Seinsweise unbestimmtes Bild.

Faust ist bei diesem Auftritt noch völlig fern, Helena erklärt sich im Monolog der Welt und sich selber, nicht einem gleichrangigen Dialogpartner.

Was spiegelt sich also in den beiden Auftritten des ersten und des zweiten Teils? Man hat es zunächst mit einer umfassenden, vielgestaltigen Differenz zu tun. Hier das kleinbürgerliche Mädchen ohne persönliche Eigenschaften, dort die mythische Person, von der jeder zu wissen glaubt, wer sie ist, wenn sie nur zu sprechen beginnt, szenisch sogar noch früher durch ihr überwältigendes Erscheinungsbild. Die beschränkte kleine Welt des ersten Teils steht gegen die große in weltgeschichtlicher Dimension. Der Redestil entspricht jener Differenz: hier der einfache gereimte Vers ohne rechtes Maß und ohne Geschichte, dort der klassische Vers des jambischen Trimeters, der neben dem Hexameter in herausgehobener Weise Antike signalisiert, eine Antike indessen, die ihre eigene Zeit sprengt und zur überzeitlichen Norm tendiert. Helenas geschichtliche Spannweite reicht von der mythischen Vorzeit in die Faustische Gegenwart hinein, der sie sich anbequemen wird, indem sie sich von Faust in der Sprache des Reimverses unterrichten lässt, die ihr ihrem Ursprung gemäß unbekannt ist.

Noch eine weitere Differenz fällt ins Auge: Die Szene im ersten Teil ist nur ein flüchtiger Hauch, der alsbald schon ausgehaucht ist, wenn Margarete ihren Heimweg vollzieht.

Die Helena-Szene hingegen ist statuarisch-andauernd. Helena steht, umgeben vom Chor ihrer Frauen, vor dem Palast und wird nicht eingelassen. Ein „nach Hause" als Zielort bleibt ihr gänzlich fern und fremd. Sie besitzt kein „zu Hause" und keine soziale Identität, die für Margarete doch vollkommen selbstverständlich ist, ein „zu Hause" mit Mutter, kleiner Schwester, Bruder und Nachbarin, Figuren, die ihre Welt umgrenzen, die mit ihr selbst zugrunde gehen werden.

Wenn nun alle diese Differenzebenen hervorgehoben werden, bleibt doch der behauptete Spiegeleffekt noch unerklärt und in seiner Funktionsweise noch nicht expliziert. Wenn behauptet wird, dass die kleine Welt Margaretes und die große Welt Helenas sich ineinander spiegeln, was entsteht dann durch diese Spiegelverhältnisse?

Zunächst lässt die Spiegelung das einzelne Bild farbiger und facettenreicher erscheinen. Man erkennt mehr von Helena und ihrer Welt, wenn man sie auf dem Hintergrund der kleinen bürgerlichen Welt Margaretes vergleichend betrachtet. Helena wächst in ihrem Gestus und Anspruch, während Margarete schrumpft in ihrer prätendierten bürgerlichen Sittsamkeit, die sie doch nicht vor ihrem Fall bewahren kann. Sie wird hingerichtet werden, nachdem Faust sie verlassen hat. Die Umrisse der Modelle, die beide Frauen repräsentieren, werden im Spiegel des jeweils anderen Modells klarer und deutlicher.

Zugleich werden die Bilder im Spiegelungsverfahren auch angereichert, substantieller. Dadurch, dass die Bilder im Spiegel des anderen sich vervielfältigen, entsteht etwas, das aus der Geschichte der Malerei wohlbekannt ist, man denke nur an die kubistische Periode Picassos, in der sich beim Porträt Seitenansichten und Ansichten en face überlagern. Auf solche Weise nimmt der Grad des Komplexen in den Bildern zu, insofern mehrere Dimensionen zusammenkommen und im Spiegel sich ballen.

Im Bildvergleich zwischen Margarete und Helena kommen die jeweiligen Beziehungen zu Faust hinzu: Margarete tötet ihr Kind, das der Verführer Faust gezeugt hat, der am Ende des ersten Teils fliehend die Szene verlässt. Helena und Faust bringen gemeinsam einen Sohn hervor, Euphorion, der als Repräsentationsfigur der modernen Poesie die Sphäre der Eltern verlässt und die Mutter mit sich reißt, während hier Faust allein zurückbleibt. Man könnte behaupten, dass hier der Sohn die Mutter tötet, wäre „töten" das passende Wort dafür, dass Helena aus einer imaginären Gegenwart wieder zurückgleitet in den Mythos, den ihr Name zum Ausdruck bringt.

„Am farbigen Abglanz haben wir das Leben": Dieser „Abglanz" ist für Goethe nicht nur ein Naturphänomen, wie Faust es anfangs des ersten Aktes wahrnimmt und deutet. Er ist zugleich auch ein Gestaltungsprinzip, dem entsprechend die einzelnen Elemente der Dichtung aufeinander bezogen sind und sich wechselseitig erhellen und einfärben. Das Bild verbleicht nicht, wenn es von Spiegel zu Spiegel getragen wird, es entzündet sich vielmehr im „Abglanz" des jeweils anderen zu komplexer Fülle, so in der Optik, so in den poetischen Bildern.

Wenn im Helena-Akt eine Art Verschmelzung stattfindet von Antike und spätem Mittelalter, aus welcher in Gestalt von Euphorion ein Prinzip der Moderne hervorgeht, so findet im IV. Akt ein finaler Kampf um mittelalterliche Machtverhältnisse statt, aus dem im Schlussakt der Beginn der Moderne erwächst. Dem ökonomischen Fortschritt und den zivilisatorischen Leistungen stehen Gewalthandlungen wie die Vertreibung und Tötung eines alten Paares entgegen, Philemon und Baucis, das in anrührender Weise humane Werte verkörperte. „Man hat Gewalt, so hat man recht./ Man fragt ums Was? Und nicht ums Wie? (V. 11184 f.), heißt es aus dem Munde Mephistos, und kurz darauf: „Krieg, Handel und Piraterie / Dreyeinig sind sie, nicht zu trennen." (V. 11187f.) Diese Maxime der Übereinstimmung von Gewalt, Geschäft und Raub steht hier in zynischer Weise dem Bild der biblischen Dreieinigkeit von Vater, Sohn und heiligem Geist gegenüber, ergänzt durch die Heraklit zugeschriebene Behauptung, dass der Krieg der Vater aller Dinge sei.

Dies alles folgt der bereits im IV. Akt geäußerten Maxime Fausts, die da lautet: „Herrschaft gewinn ich, Eigenthum! / Die That ist alles, nichts der Ruhm." (V.10187f.) Hier wird die Studierzimmer-Szene des ersten Teils gespiegelt, als Faust den Beginn des Johannes- Evangeliums zu übersetzen versuchte und dabei „Logos" letztlich mit „Tat" synonymisierte.

Im fünften Akt von *Faust II* ist aus dem humanistischen Zweifler des ersten Teils einer geworden, der Herrschaft und Eigentum, Herrschaft durch Eigentum zusammenbindet und der dem Zusammenhang von Krieg, Gewalt, Raub und Geschäft in der Deutung durch sein anderes Ich, Mephisto, nicht ernsthaft widerspricht. Auf solche Weise berühren sich Anfang und Ende der Faust-Dichtung spiegelbildlich. Aus dem Wissensskeptiker ist ein Pragmatiker des Erfolgs geworden, der buchstäblich über Leichen geht und dem seine Fama, sein „Ruhm" gleichgültig ist. „Auf einmal seh' ich Rat / Und schreibe getrost: im Anfang war die Tat! (V. 1236f.) So sinnierte der Ursprungsphilosoph, während er sie am Ende zum alleinigen Weltprinzip erhebt. Destillierte er anfangs den Begriff „Tat" aus seiner Umgebung von „Wort", „Sinn" und „Kraft" heraus, so setzt er nun Begriff „Tat" absolut. Es ist die von Sprache, Sinn und schöpferischer Kraft gänzlich isolierte, einzig an das „Eigentum" gebundene und auf „Herrschaft" zielende Tat, die nun von Faust gepriesen wird. Der moderne Herrscher braucht, im Gegensatz etwa zum mittelalterlichen Kaiser, seine Herrschaft nicht mehr zu legitimieren, sei es durch Erbe oder Gottesgnadentum. Er herrscht nun mittels der absolut gesetzten Tat im Horizont von gewonnenem und vermehrtem Eigentum. Aber herrscht Faust am Ende wirklich? Sein zynischer Lobpreis der Herrschaft durch Eigentum bleibt Illusion, geht er doch hundertjährig seinem Ende entgegen. Man hat früher die Entwicklung der Faust-Figur idealistisch als eine Art Selbstvollendung beschrieben, die aufgrund ihres fortwährenden strebenden Bemühens ihrer finalen Erlösung entgegengeht. Im Gegensatz dazu lässt Faust sich nun betrachten als einer, der im buchstäblichen und metaphorischen Sinn von der Sorge mit Blindheit geschlagen ist und nicht einmal mehr wahrnehmen kann, dass sein Grab ausgehoben wird. Seine Seelenrettung vor dem Zugriff des Teufels wird hingegen von Goethe als eine Burleske, gemischt aus Komik, Ironie und Sarkasmus gestaltet.

Fausts Aufbruch aus der engen Studierstube in die kleine und große Welt hinein korrespondiert wiederum spiegelbildlich sein Abschied aus der weiträumigen Welt ins enge Grab.

Die Gesamtform des zweiten Teils unterscheidet sich grundlegend von der des ersten. Beide Teile tragen in der Überschrift die Gattungsbezeichnung „Tragödie". Obwohl nun die lockere Szenenfolge des ersten Teils der strengen Bauform der klassischen Tragödie fundamental widerspricht, trägt der erste Teil gleichwohl, insbesondere in Bezug auf Margarete, tragische Züge. Gerade weil sie nichts anderes sein will als ein braves kleinbürgerliches Mädchen, wird sie verführt und ins Unglück gestürzt. Ihre Sittenstrenge dichtet sie ab von der Sinnenwelt und prädestiniert sie gerade deswegen für einen tragisch zu nennenden Fall ins Verderben.

Ganz anders nun der zweite Teil der Tragödie. Wo liegen hier als tragisch zu bezeichnende Momente? Faust geht durch die Welt, durch die Geschichte zumal, holt sich das Urbild aller schönen Frauen in eine imaginäre Gegenwart, zeugt mit ihr einen Sohn, der ihn mitsamt der Mutter wieder verlässt. Faust schreitet in den beiden Schlussakten fort in die Politik (Krieg) und in die Ökonomie (Meeresküstenkolonisation) und stirbt als Hundertjähriger. Was daran sollte „tragisch" zu nennen sein? Goethe spielt mit der Form der Tragödie und erfüllt sie gleichwohl nicht. Das klassische Modell des Tragischen besteht darin, dass der Weg, der zur Rettung vor dem Unheil eingeschlagen wird, gerade in den Untergang führt.[5] Hier aber ist es umgekehrt: Der Unglücksweg des biologischen Alterns, der dem Menschen wie jedem Lebewesen zugeteilt ist, führt in einem merkwürdigen Salto zur Rettung des Toten vor der Verdammnis. Zwar werden Gründe genannt für die Erlösung: „Wer immer strebend sich bemüht / Den können wir erlösen." (V. 11936 f.), heißt es im Chor der Engel, allerdings in Anführung wie ein Zitat von anderer Seite. Und ein Chorus mysticus singt in den Schlussversen: „Das Ewig-Weibliche / Zieht uns hinan." (V. 12110 f.), doch ist solchen vielzitierten Sprüchen nicht zu trauen, weil sie in eine Szenerie gehören, die opernhaft ein beschwertes Finale setzt. Sündenvergebung und christliche Erlösung finden dabei ausdrücklich nicht statt. Es gibt keine göttliche Hand, die Faust aufnähme. Die metaphysische Versöhnung, wenn es sie denn geben sollte, findet an keinem Ort statt und erweist sich daher im eigentlichen Sinne als Utopie.

In der Oper ist alles möglich. Ohne verurteilt zu sein, stürzt ein Don Giovanni in die Hölle. Goethe stellt sich den 2. Faust als eine von Mozart komponierte Oper vor, wohl wissend allerdings, dass Mozart längst gestorben ist. Hier in der Szene „Bergschluchten" versammelt Goethe die Elemente des Mysterienspiels, um einen untragischen Schluss opernhaft in Szene zu setzen. Die behauptete Tragödie zerfließt gleichsam im Wohlklang der Verse, auch wenn die musikalische Vertonung ausbleibt.

„Am farbigen Abglanz haben wir das Leben.", und hier wird eine Art Abglanz des Abglanzes vollzogen, ein Spiegelbild des Spiegels, in dem doch am Ende nichts mehr zu sehen ist, insofern doch das Leben vorüber ist.

---

5 Vgl. Peter Szondi, Versuch über das Tragische, Frankfurt am Main 1961, passim

Goethe scheute persönlich den Tod wie der Teufel das Weihwasser. Zwar identifizierte er sich keineswegs mit der Faust-Figur, noch weniger aber mit dem um die Seele Fausts betrogenen Mephisto. Doch suchte er die Schrecken des Todes zu bannen, indem er einen friedvollen Abgesang inszenierte, dem er jedoch schalkhaft seinen Ernst verweigerte. Er wollte feierlich einen Schlusspunkt setzen und doch niemanden dazu überreden, dem traditionellen Sinn der *pompes funèbres* zu trauen.

Auf solche Weise wird der Schluss von *Faust II* derart zwiespältig, feierlich wie ein Mysterienspiel und doch zugleich vielfach ironisch gebrochen. Fausts Erlösung ist ein artifizielles Spiel, dem sein Autor, skeptisch über die eigene Schulter blickend, zuzuschauen vermag. Das heutige Publikum des früheren 21. Jahrhunderts sinnt den Bildern und ihren Spiegelungen nach und begreift genauer, dass sich auch seine Gegenwart in dieser Dichtung spiegelt.

Zeitfracht Medien GmbH
Ferdinand-Jühlke-Straße 7
99095 Erfurt, Deutschland
produktsicherheit@kolibri360.de